Les Interdits
de Cabu

Les Interdits de Cabu

265 dessins présentés
par Jérôme Duhamel

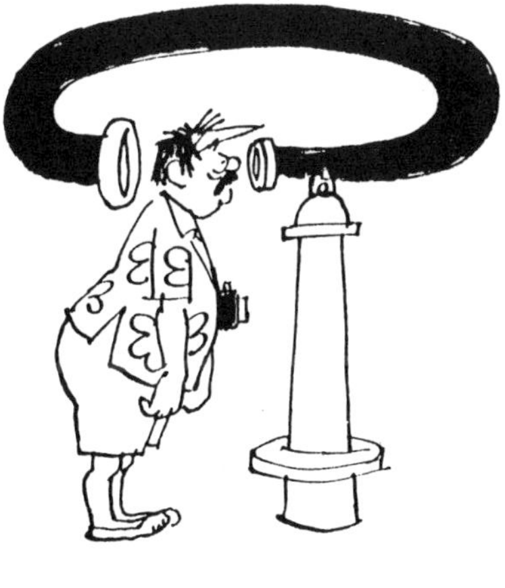

Albin Michel

ISBN 2-02-013110-2
(ISBN 2-226-03739-X, 1re publication)

NOS CHERS DISPARUS

Au paradis, Louis XVI continue de bricoler les serrures.

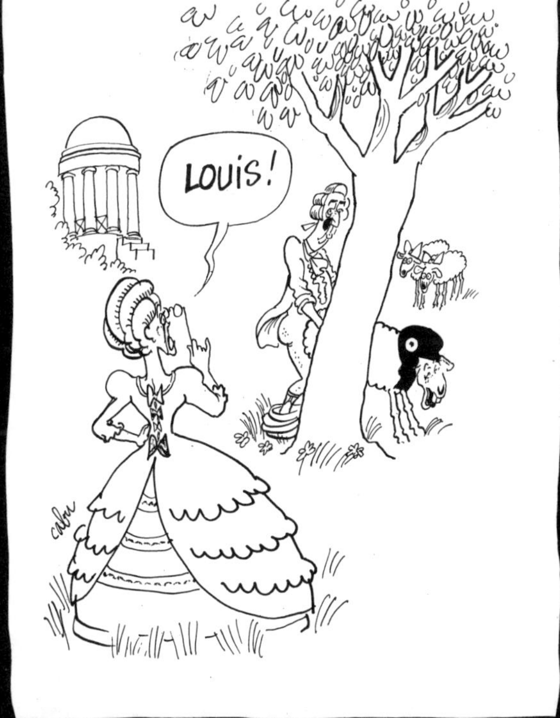

Quel grand acteur pour remplacer Lino Ventura dans les rôles de truand ?

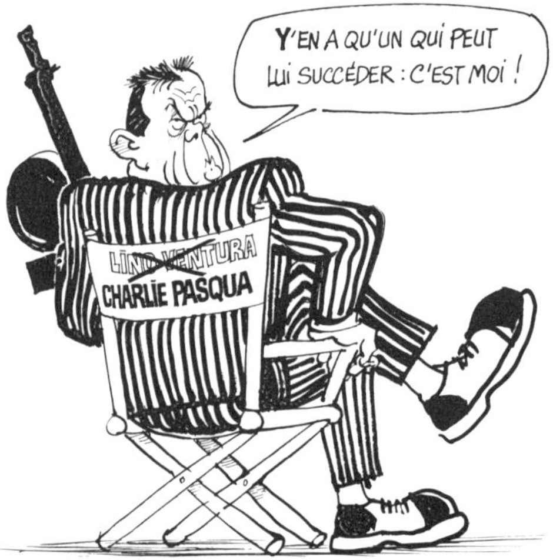

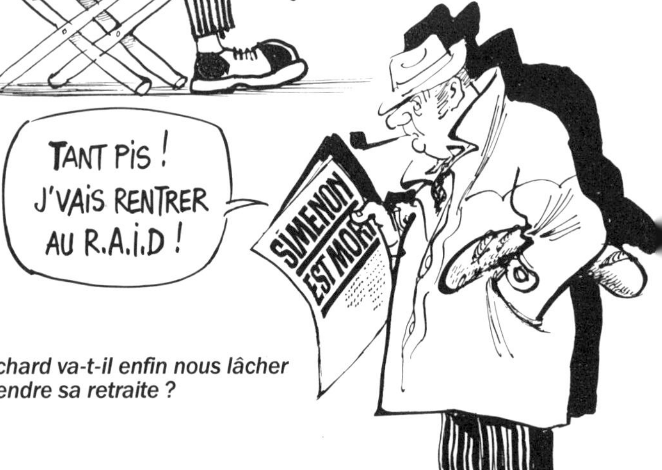

Jean Richard va-t-il enfin nous lâcher pour prendre sa retraite ?

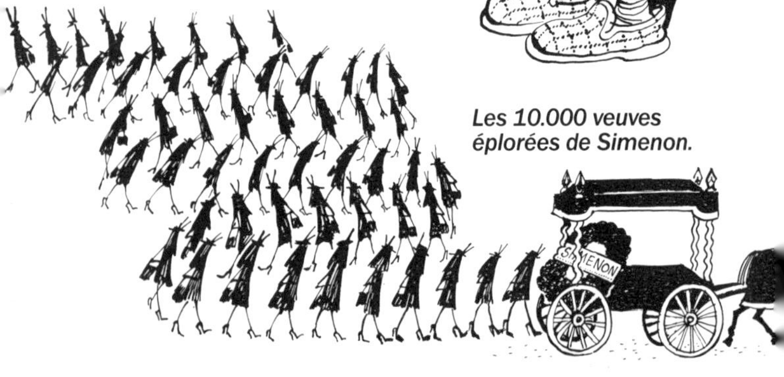

Les 10.000 veuves éplorées de Simenon.

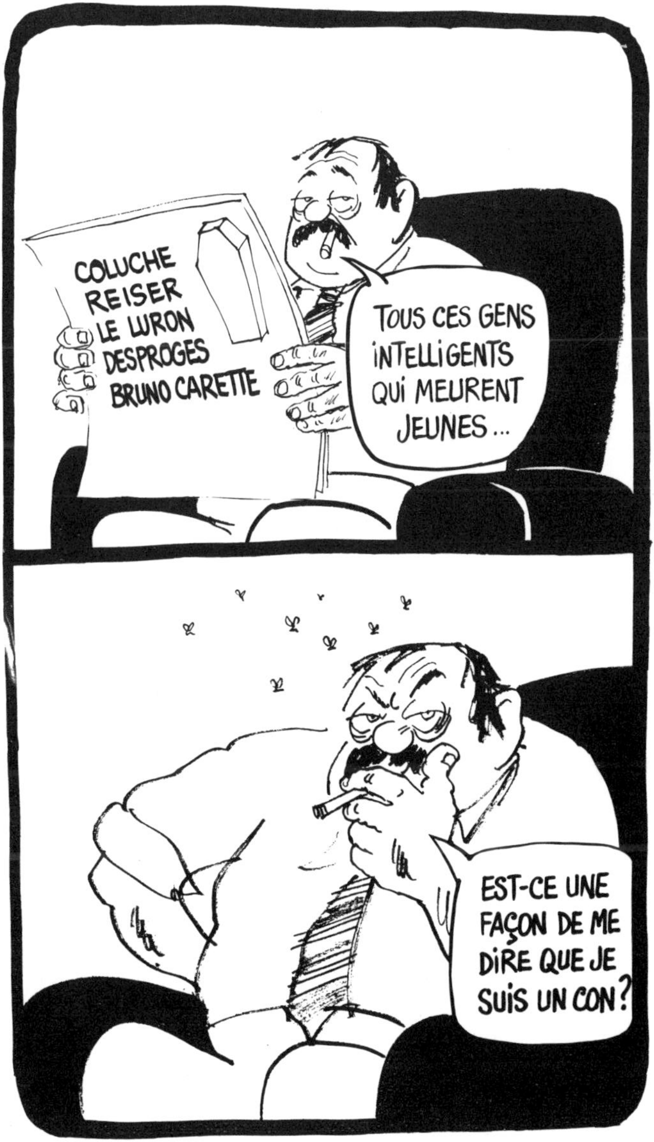
COLUCHE
REISER
LE LURON
DESPROGES
BRUNO CARETTE
TOUS CES GENS INTELLIGENTS QUI MEURENT JEUNES...
EST-CE UNE FAÇON DE ME DIRE QUE JE SUIS UN CON ?

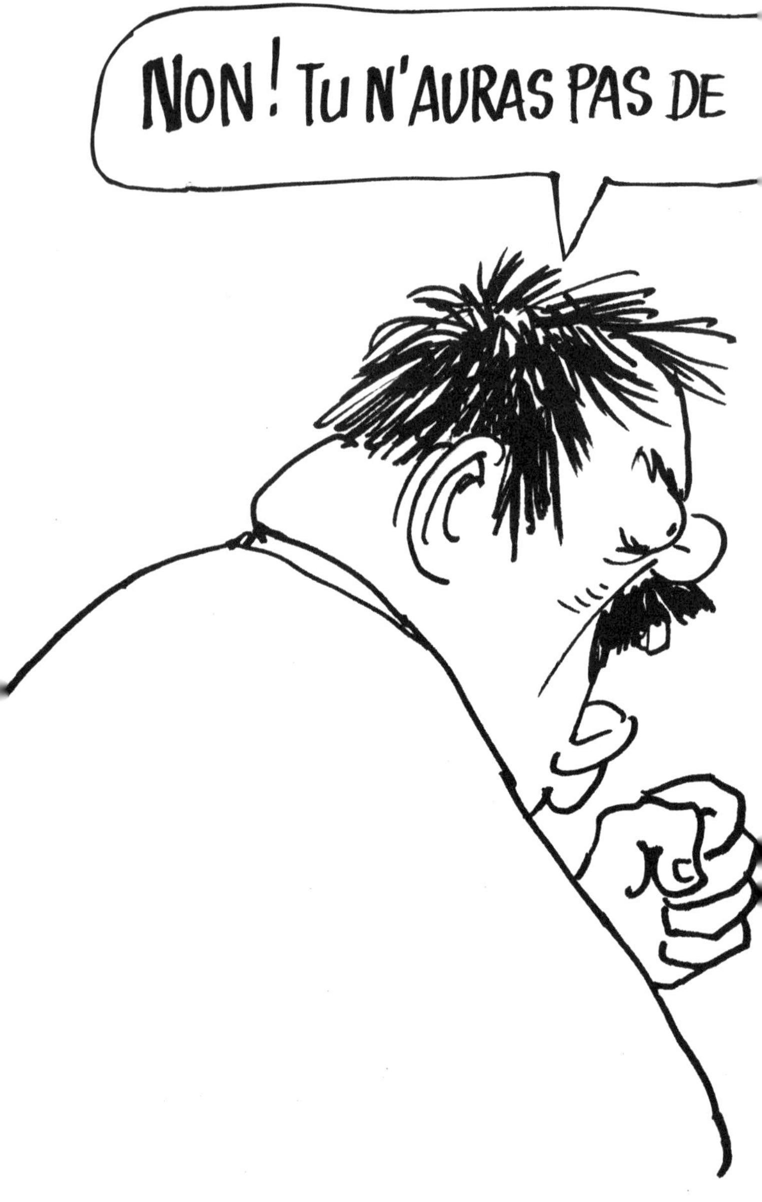
NON ! TU N'AURAS PAS DE

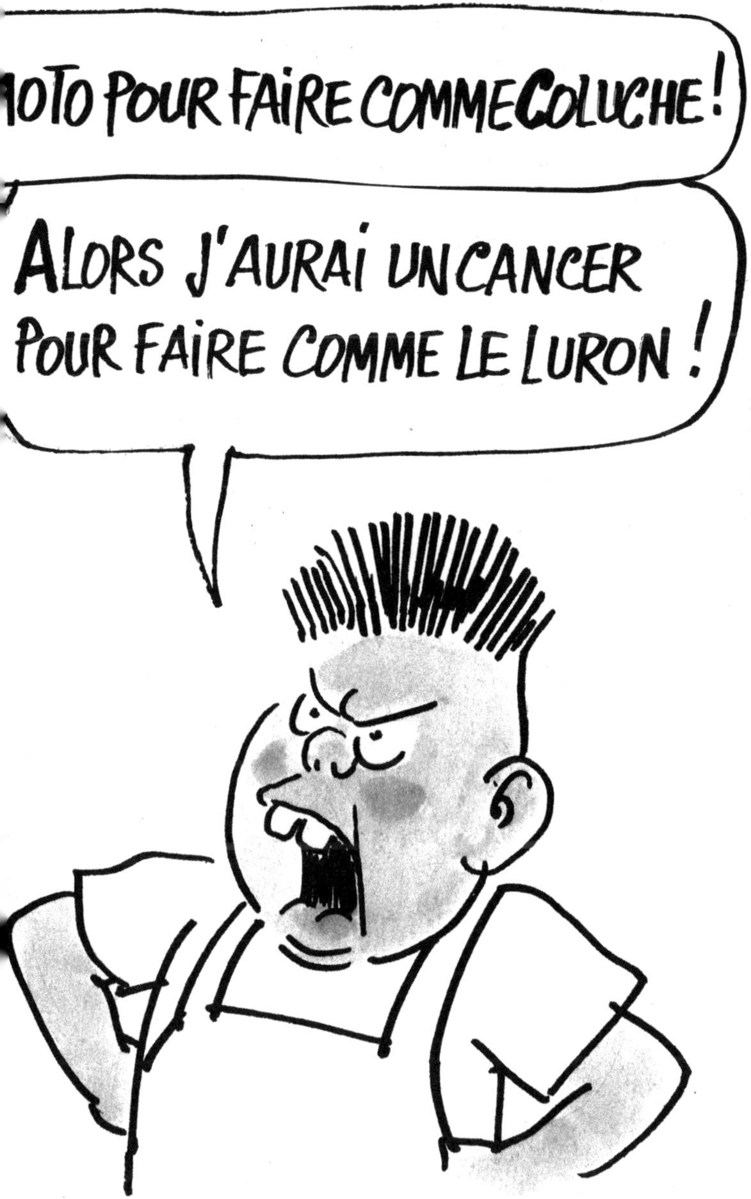
OTO POUR FAIRE COMME COLUCHE !
ALORS J'AURAI UN CANCER POUR FAIRE COMME LE LURON !

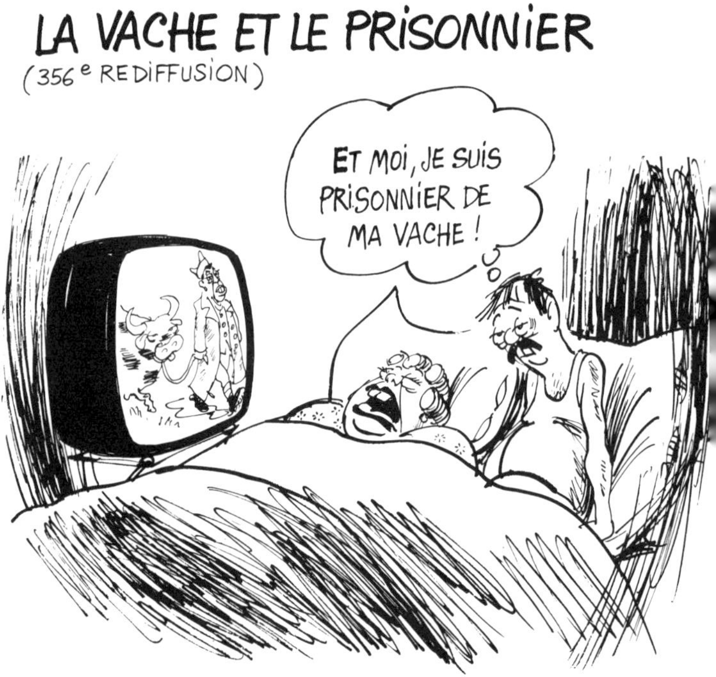

Enfin la vérité sur la mort de Dalida.

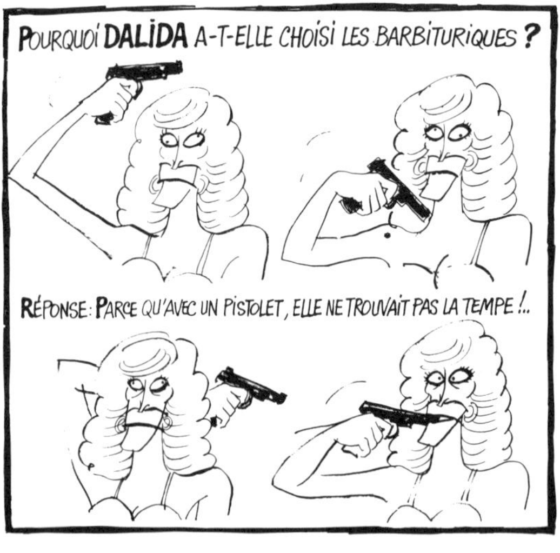

Jacques Brel : encore un gros fumeur victime d'un cancer du poumon.

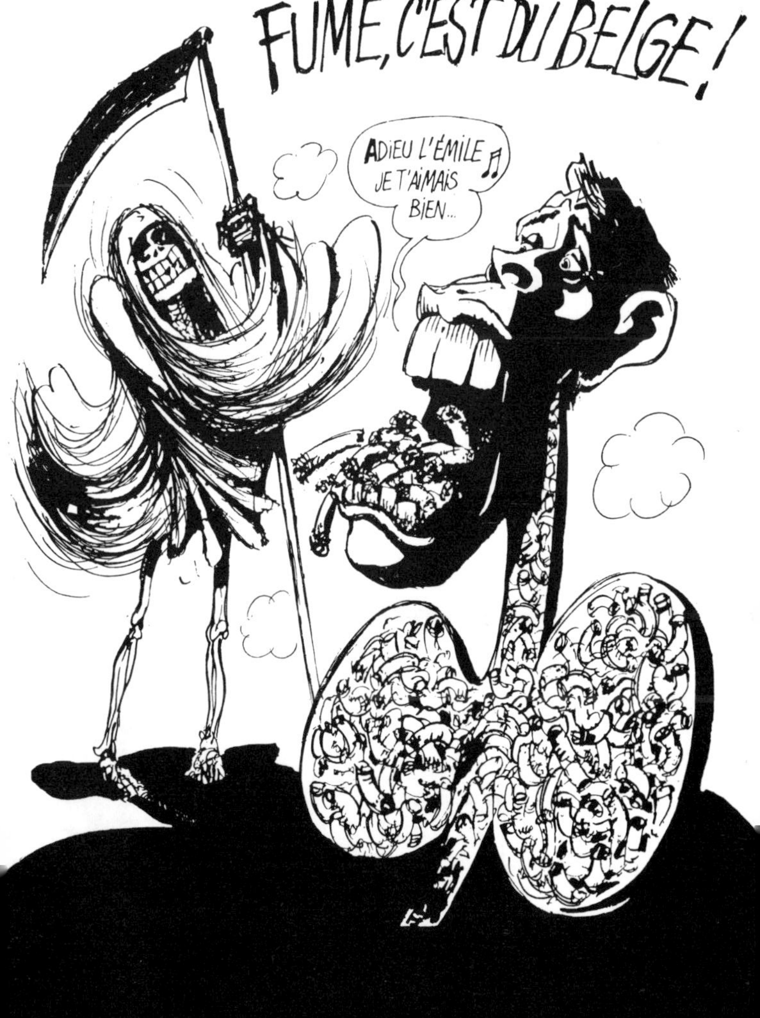

(Affiche refusée par le Comité national contre le tabagisme).

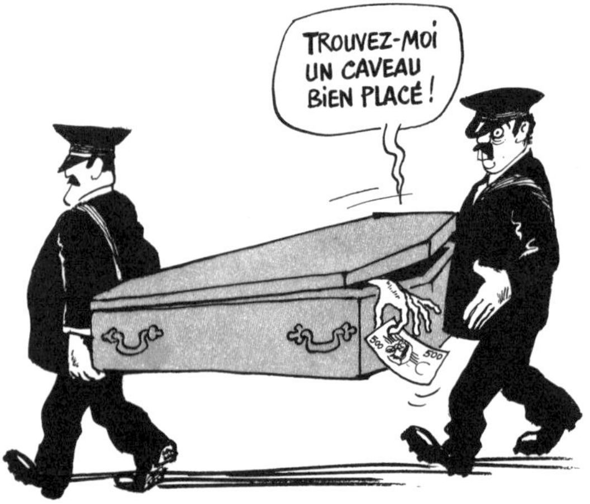

Les dernières paroles de Marcel Dassault.

La dernière bonne blague de Spaggiari.

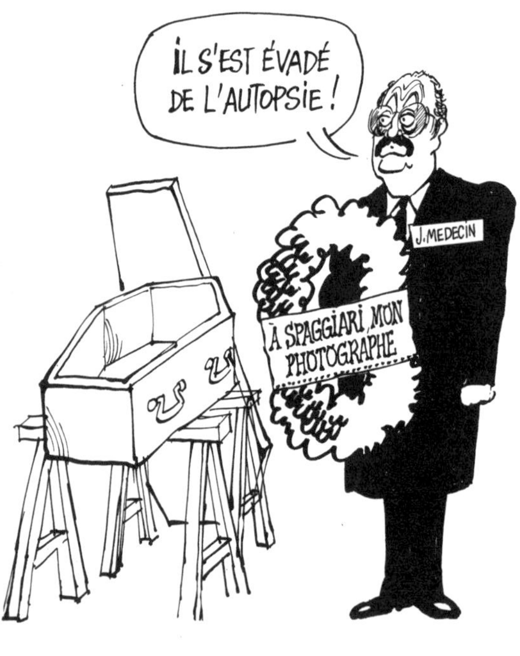

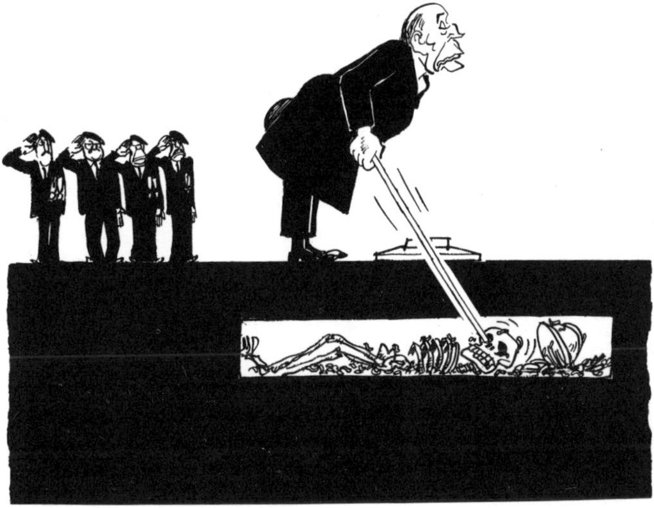

Le soldat inconnu : de bien grands malheurs... mais de si doux plaisirs !

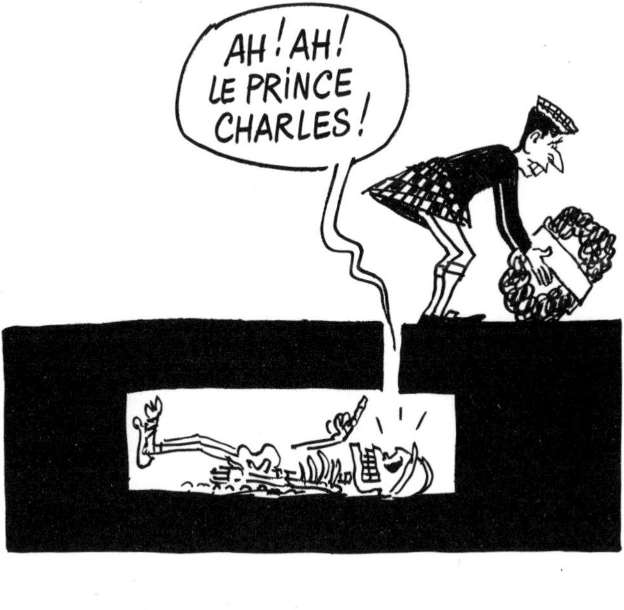

A l'occasion du centième anniversaire de sa naissance, recueillons-nous devant les pieux souvenirs du général De Gaulle.

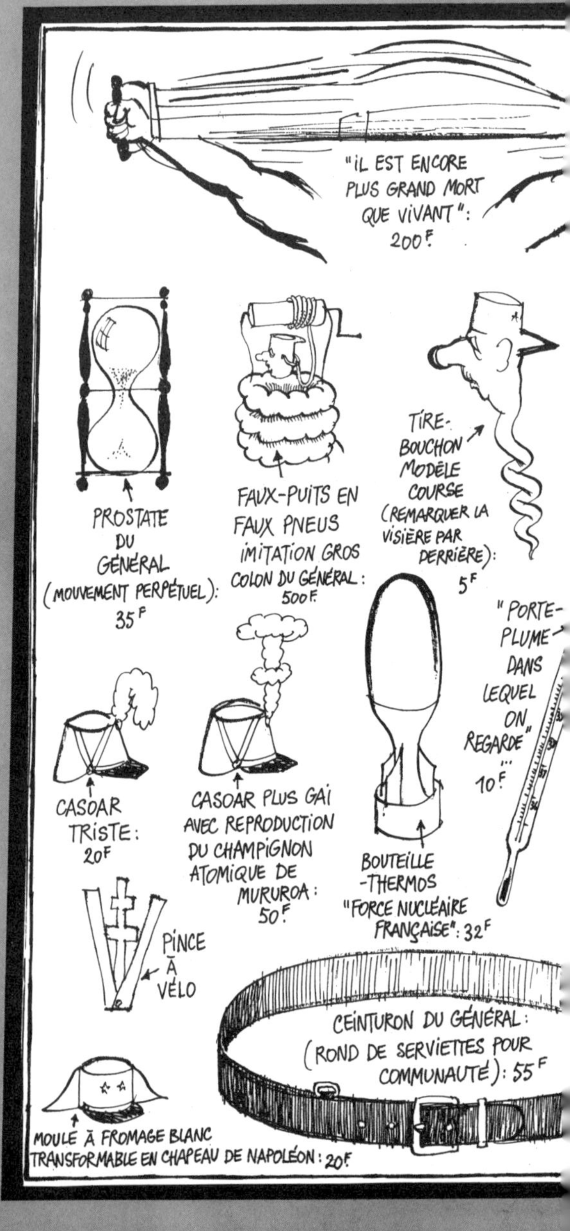

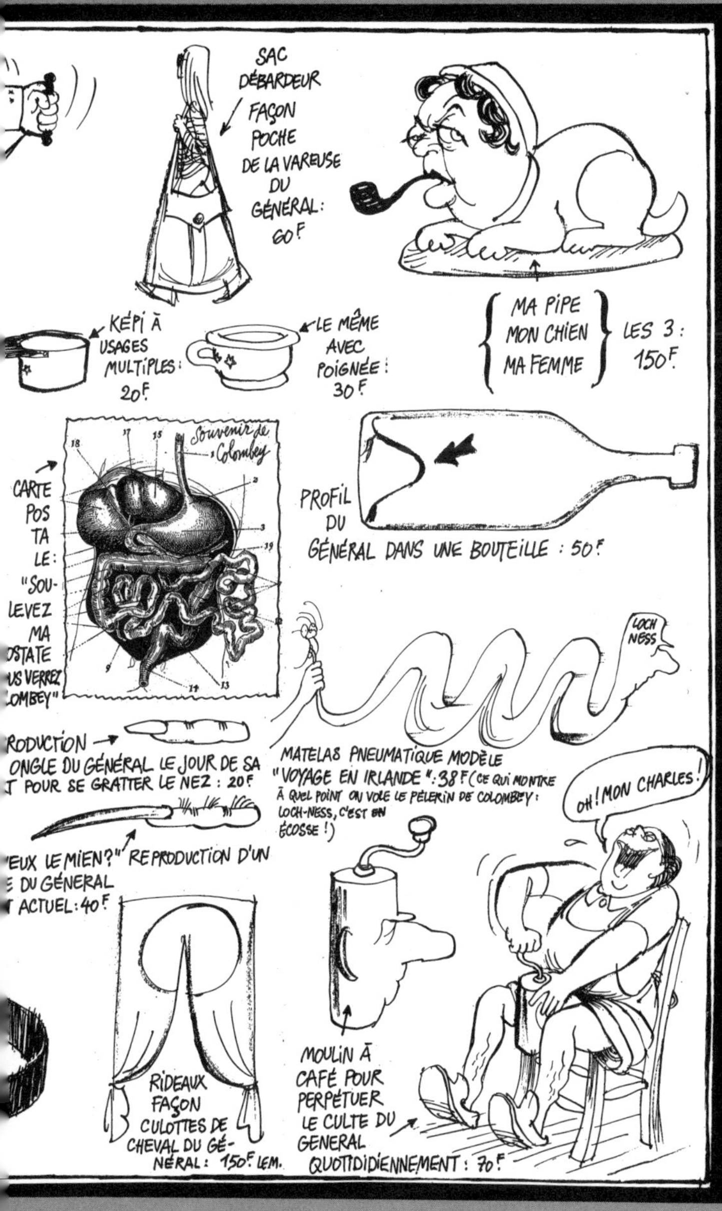

SAC DÉBARDEUR FAÇON POCHE DE LA VAREUSE DU GÉNÉRAL : 60 F
MA PIPE
MON CHIEN
MA FEMME
LES 3 : 150 F
KÉPI À USAGES MULTIPLES : 20 F
LE MÊME AVEC POIGNÉE : 30 F
Souvenir de Colombey
CARTE POS TA LE : "SOU- LEVEZ MA OSTATE US VERREZ OMBEY"
PROFIL DU GÉNÉRAL DANS UNE BOUTEILLE : 50 F
LOCH NESS
RODUCTION
ONGLE DU GÉNÉRAL LE JOUR DE SA
T POUR SE GRATTER LE NEZ : 20 F
MATELAS PNEUMATIQUE MODÈLE "VOYAGE EN IRLANDE" : 38 F (CE QUI MONTRE À QUEL POINT ON VOLE LE PÉLERIN DE COLOMBEY : LOCH-NESS, C'EST EN ÉCOSSE !)
OH ! MON CHARLES !
EUX LE MIEN ?" REPRODUCTION D'UN
E DU GÉNÉRAL
T ACTUEL : 40 F
RIDEAUX FAÇON CULOTTES DE CHEVAL DU GÉ- NÉRAL : 150 F LEM.
MOULIN À CAFÉ POUR PERPÉTUER LE CULTE DU GENERAL QUOTIDIDIENNEMENT : 70 F

Même en enfer, les philosophes continuent de nous les briser...

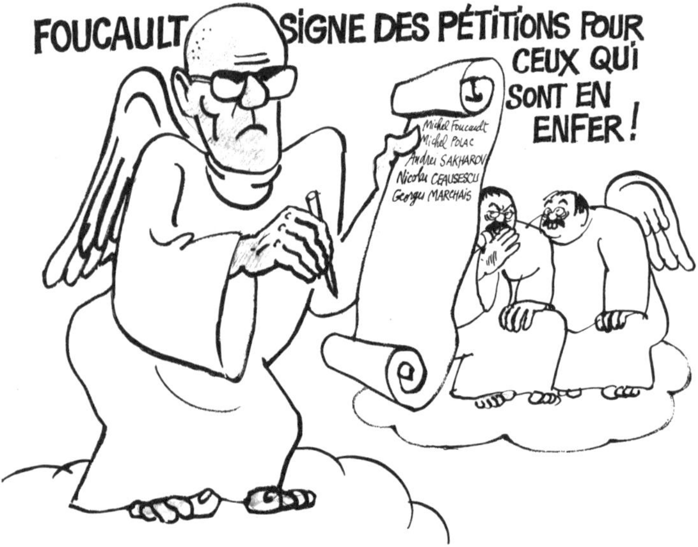

Le cardinal Daniélou, toujours obsédé, est jaloux de Mgr Gaillo

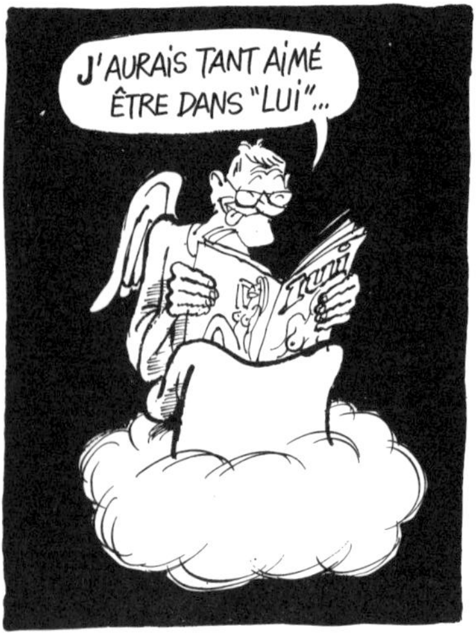

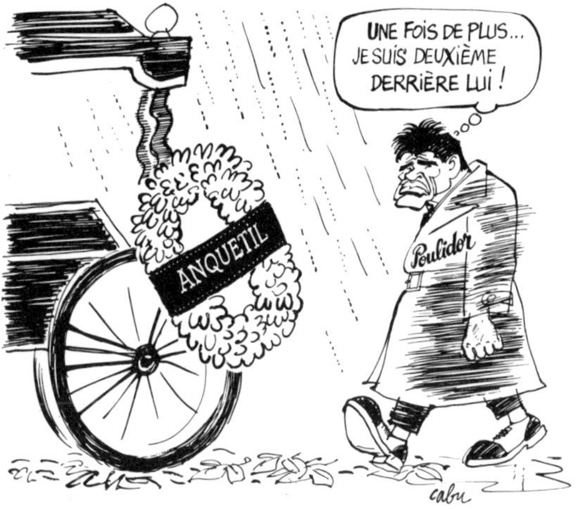

Jacques Anquetil : encore plus rapide mort que vivant.

Tous les soirs au paradis : le grand show Marilyn Monroë.

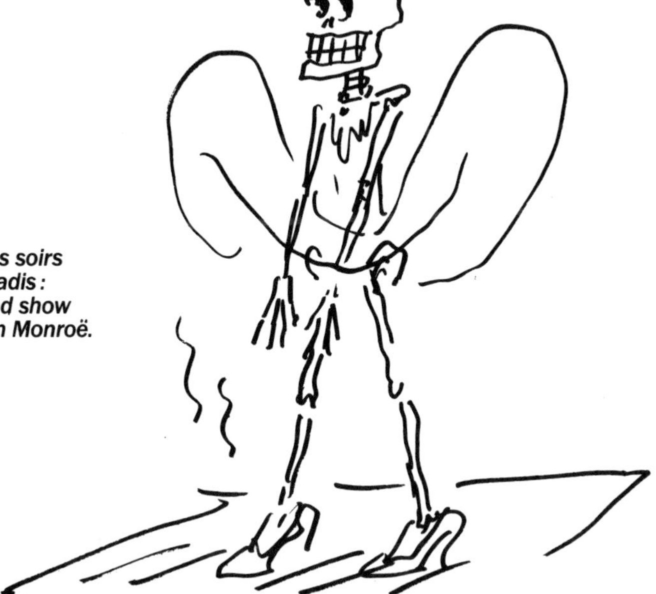

Janvier 86. Thierry Sabine se tue dans un accident d'hélicoptère, au cœur du Ténéré.

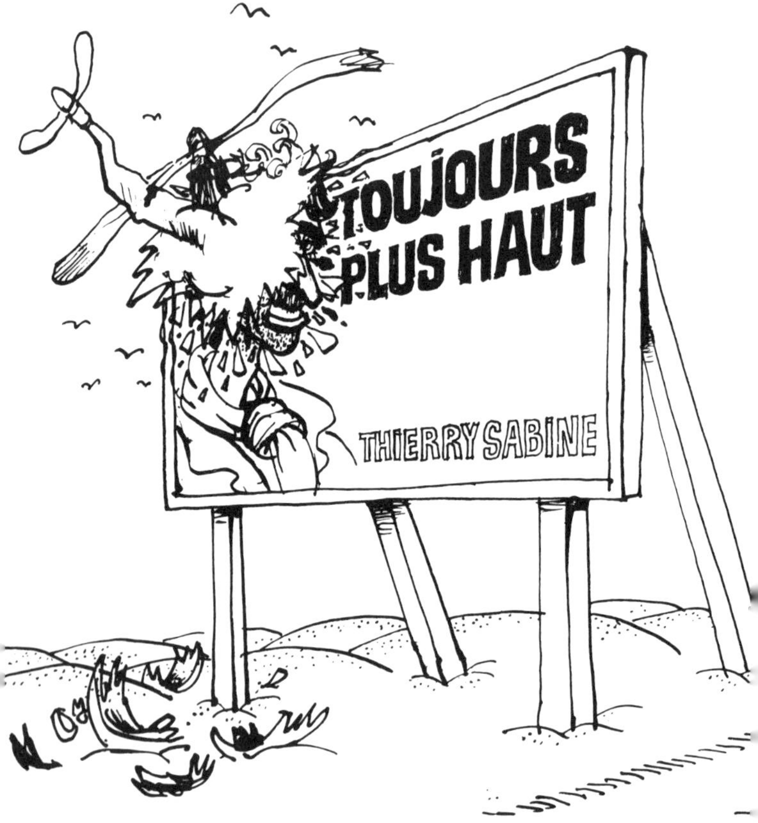

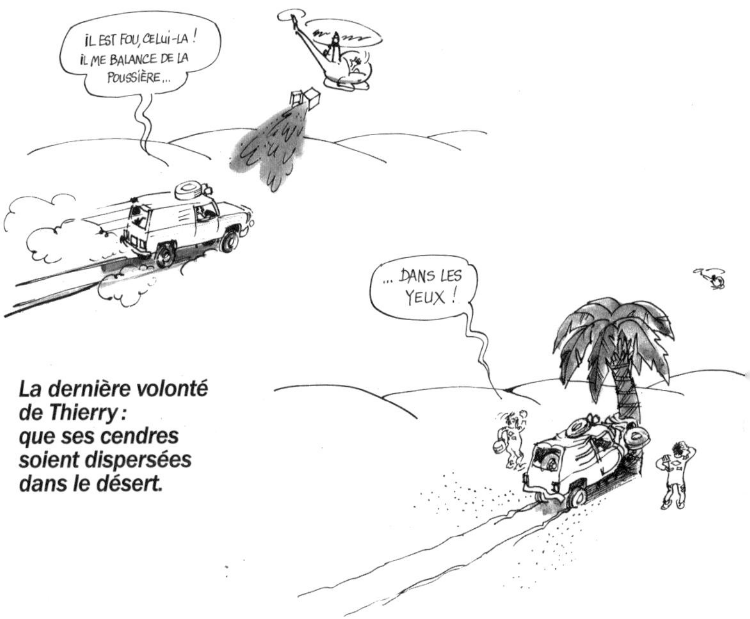

La dernière volonté de Thierry : que ses cendres soient dispersées dans le désert.

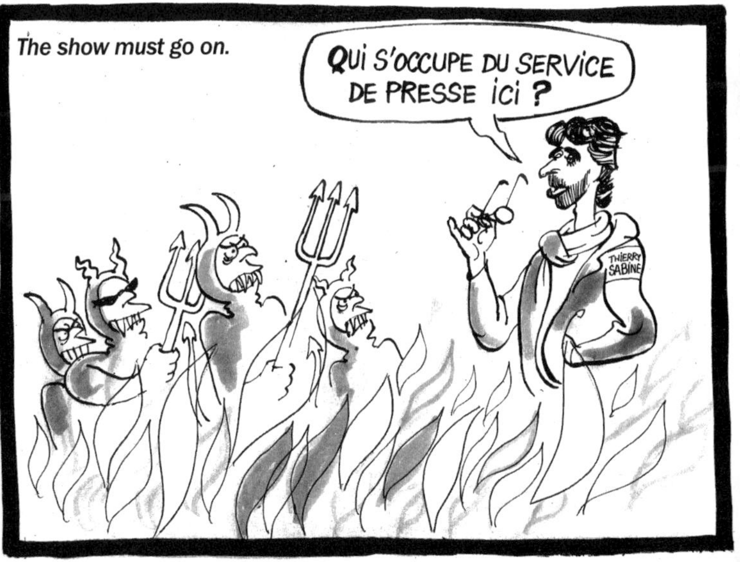

The show must go on.

Bientôt au paradis : un grand spectacle signé Daniel Balavoine et mère Teresa.

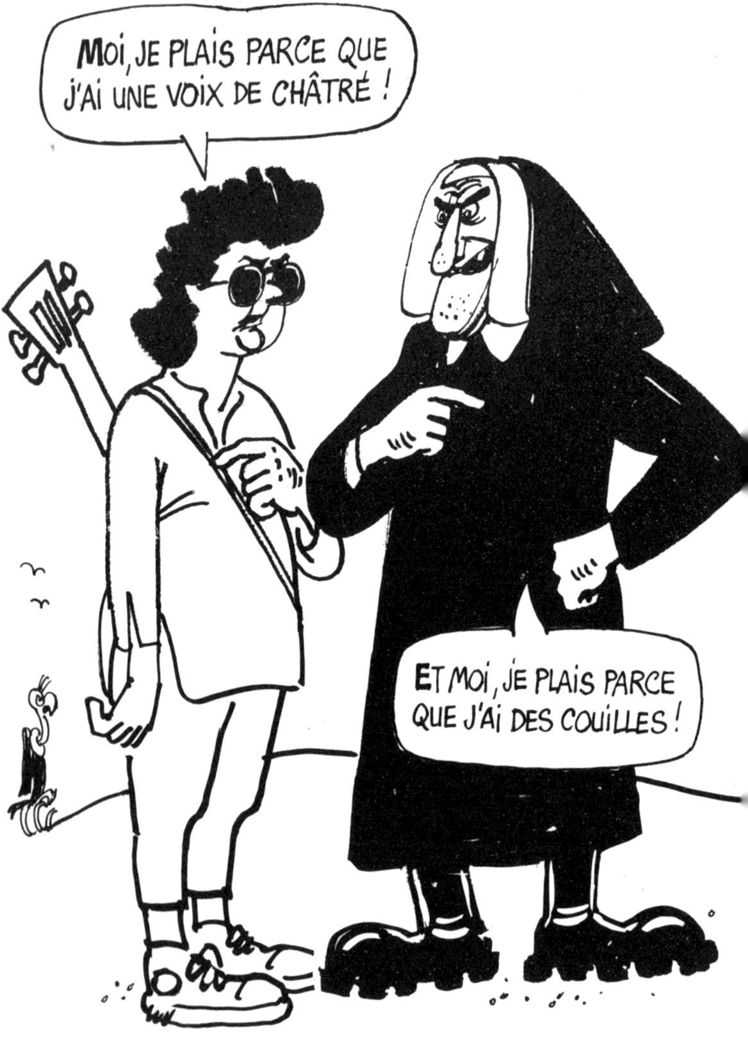

GLOIRE À NOS HÉROS !

Jeanie Longo, une femme comme toutes les autres.

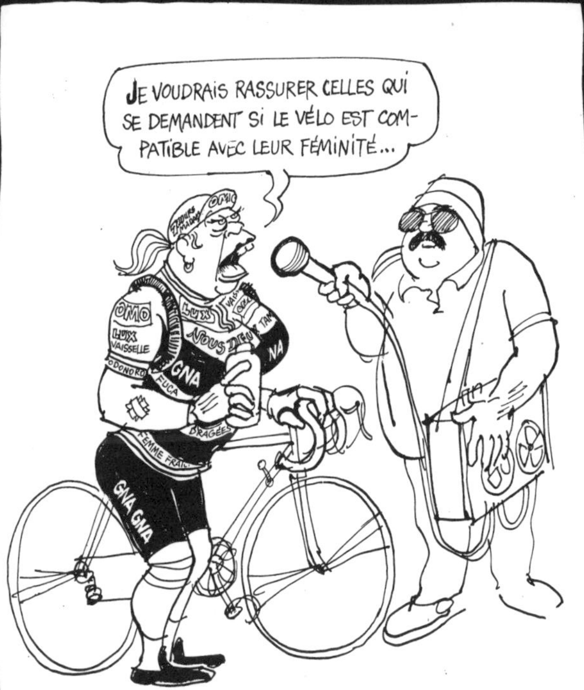

L'accident de Chantal Nobel : la révélation qui excuse Sacha Distel.

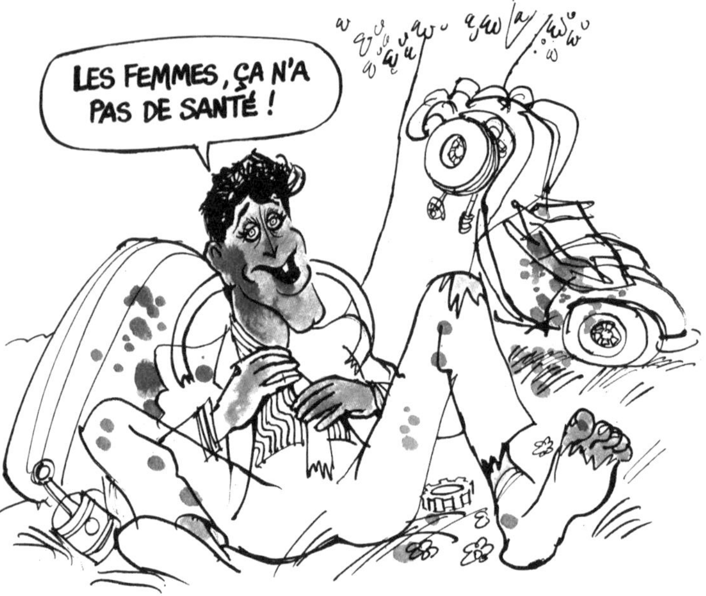

Que deviennent les idoles des années 60 ?

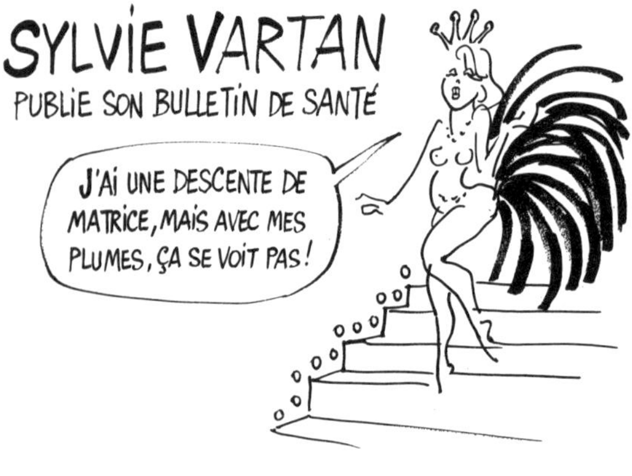

Les dents de Patrick Sabatier hantent les nuits des téléspectateurs.

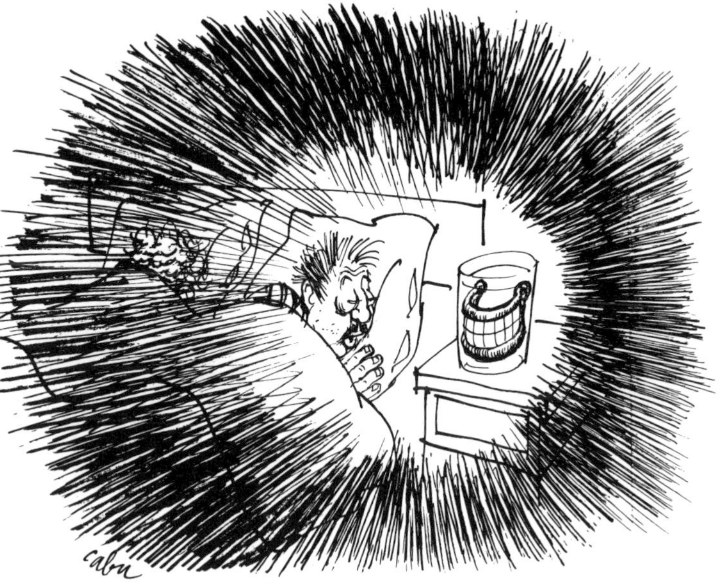

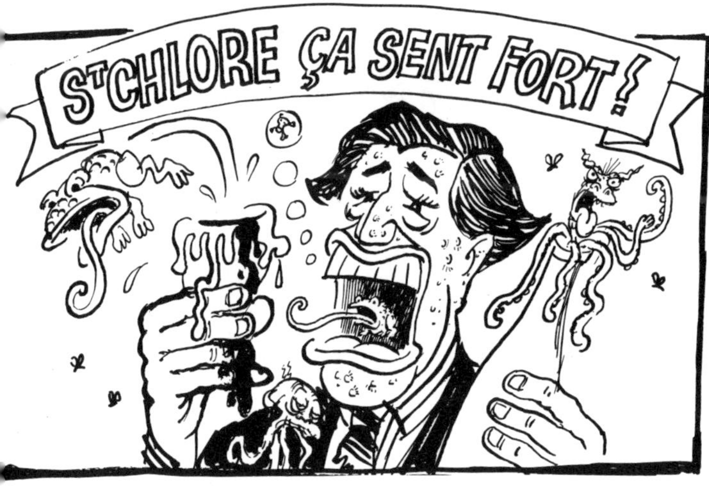

Sheila abandonne la chanson et retourne au petit commerce sous son vrai nom, Annie Chancel.

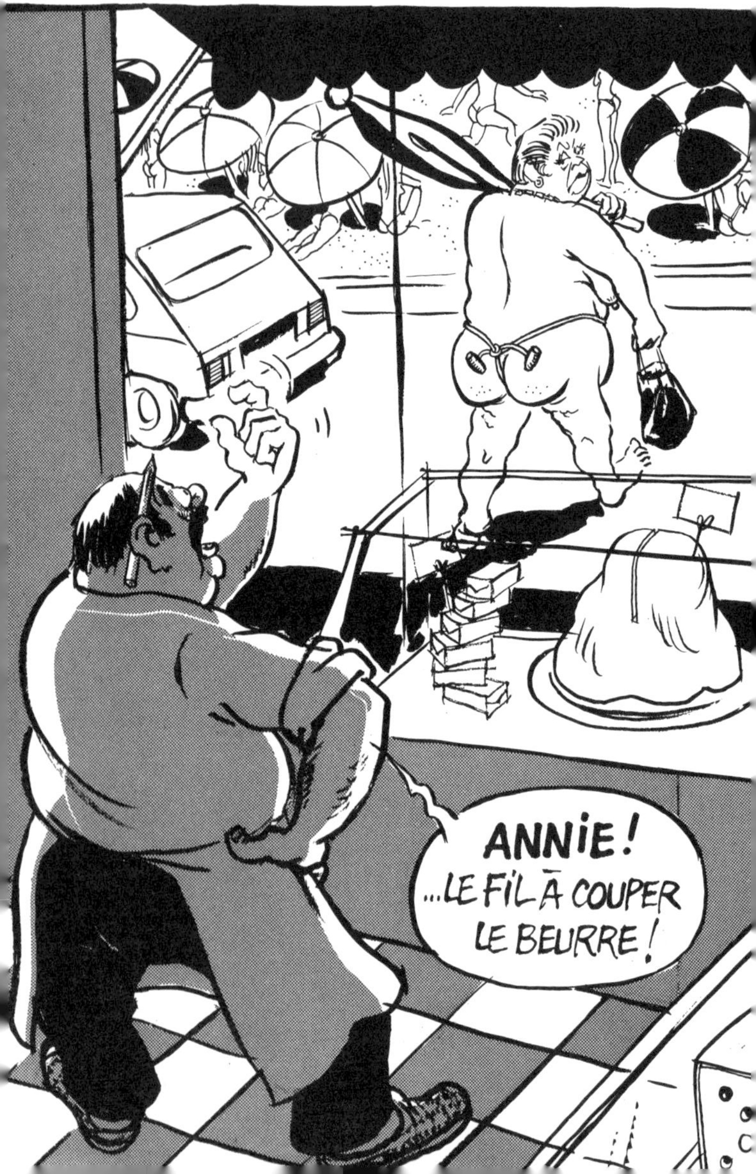

Déjà 387 opérations de chirurgie esthétique pour Mickaël Jackson.

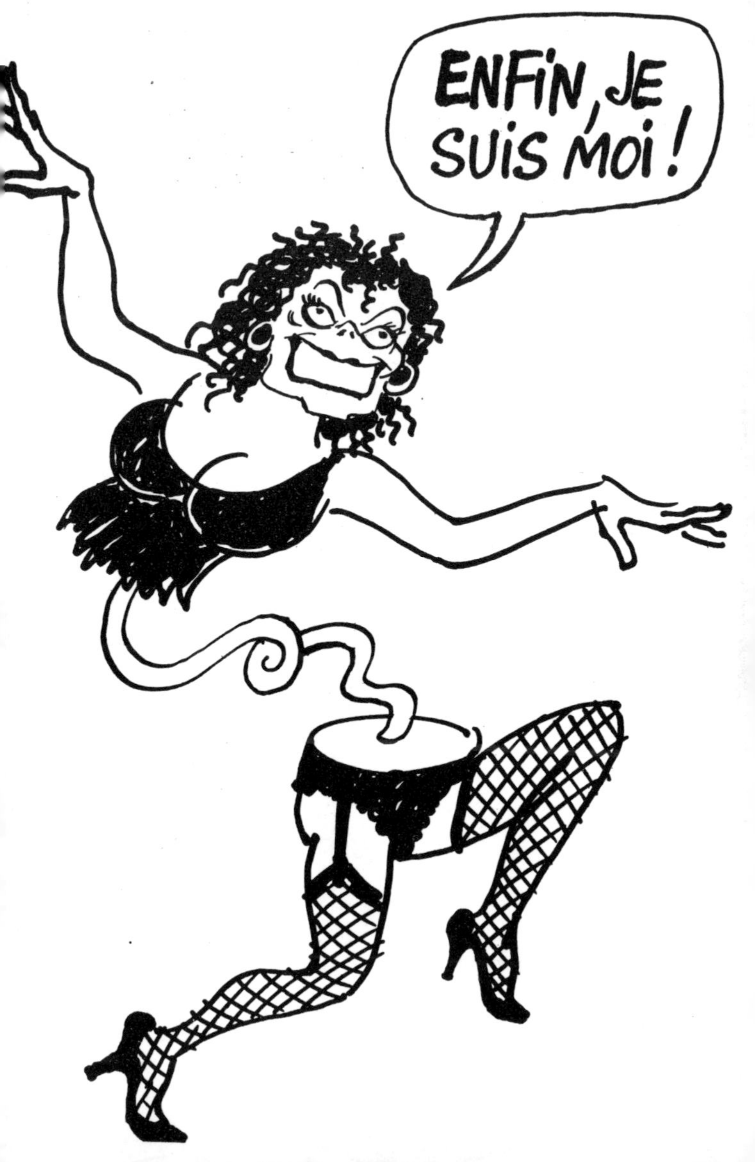

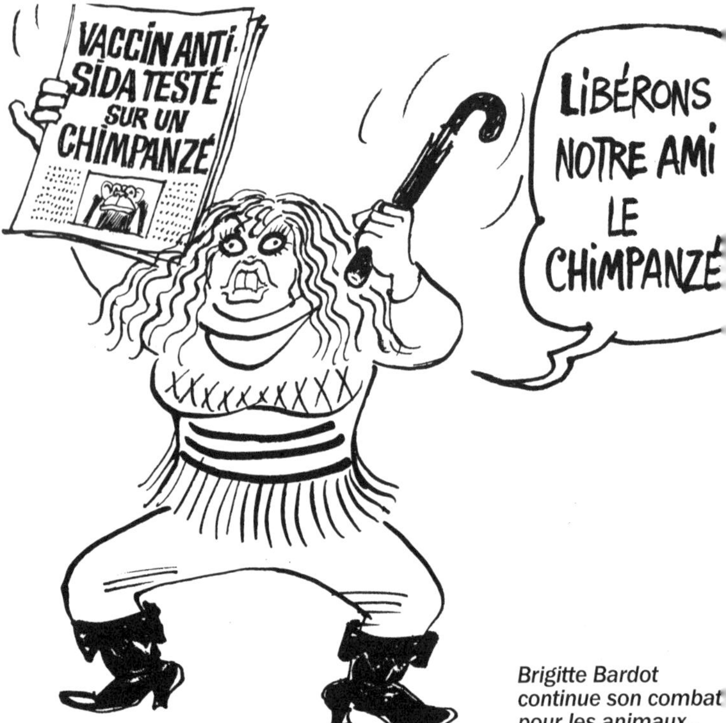

Brigitte Bardot continue son combat pour les animaux...

... et contre les chasseurs.

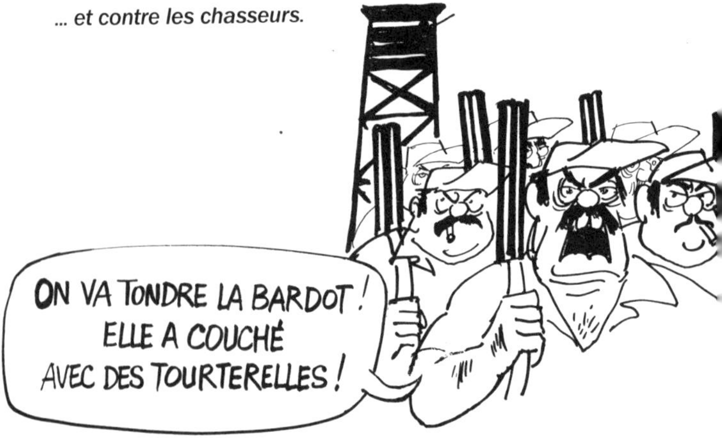

Alain Delon maître de cérémonie du dernier Téléthon.

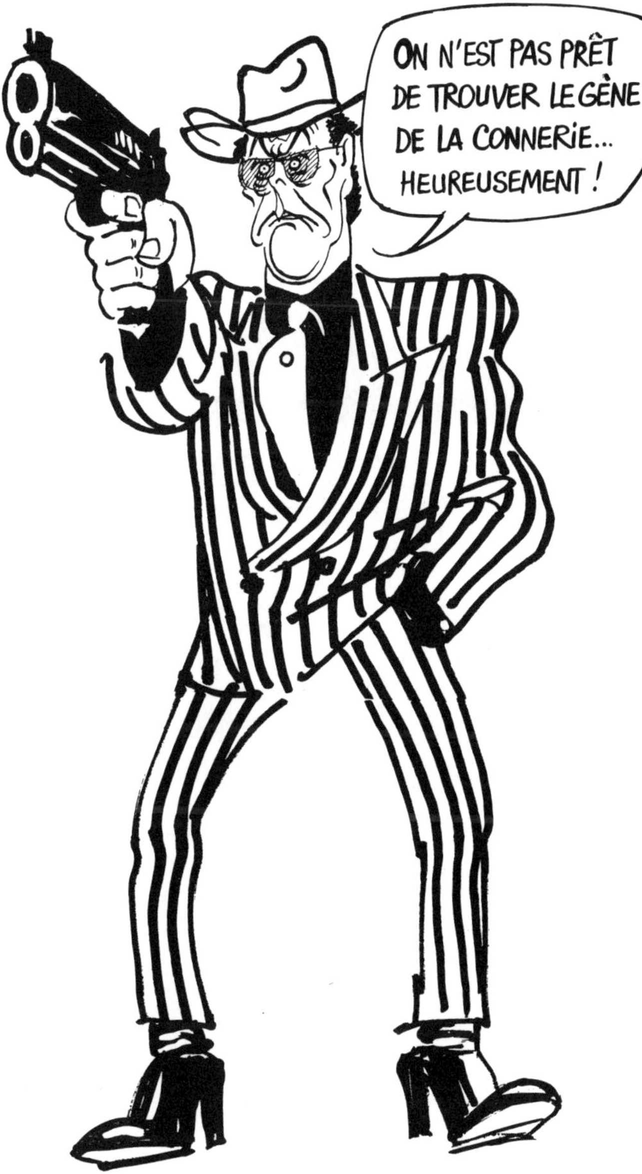

Christine Ockrent une nouvelle fois chassée du journal de 20 h.

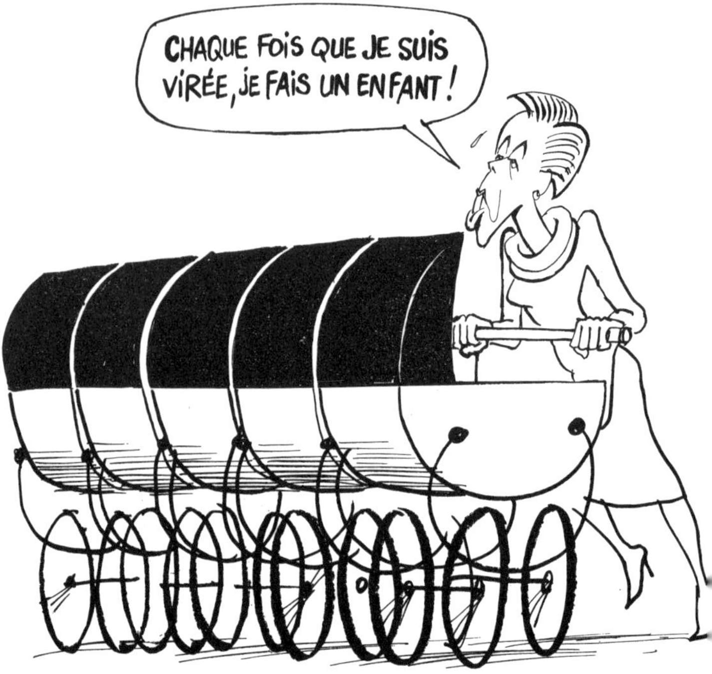

Tragédie chez notre amie Rika Zaraï.

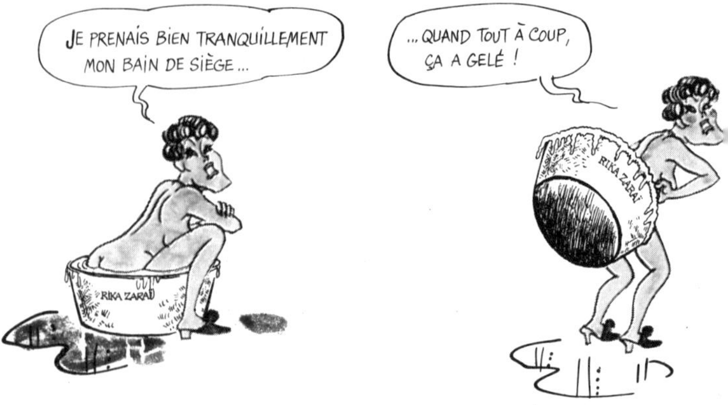

Le show-biz porte-t-il malheur ?

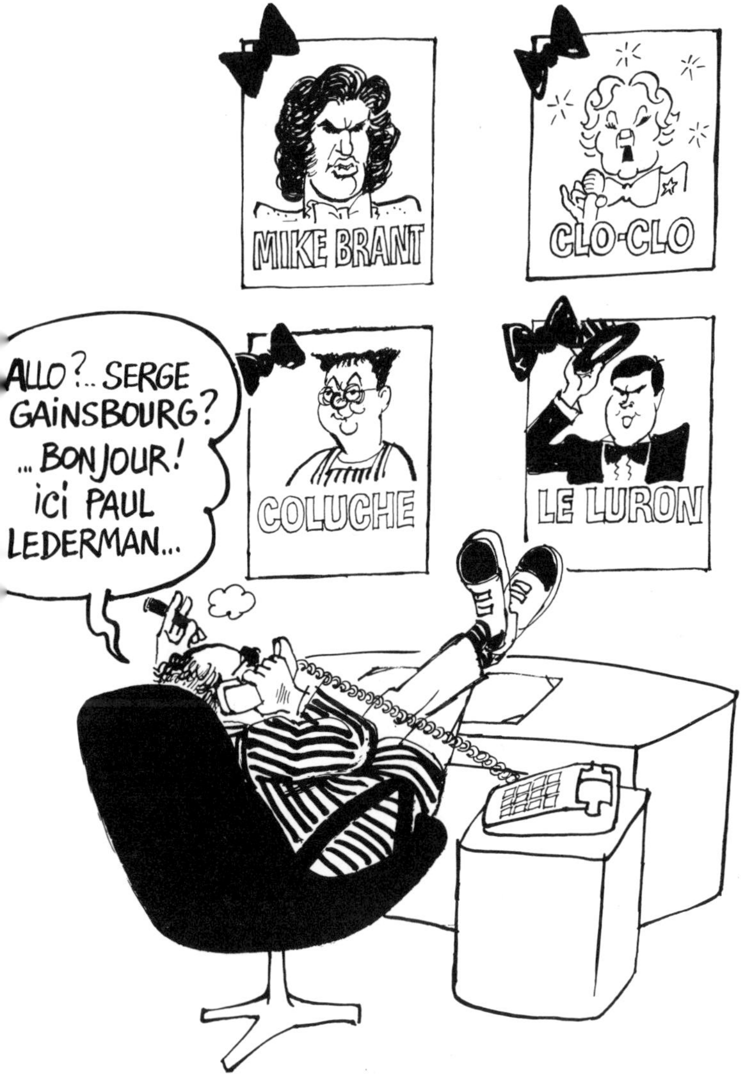

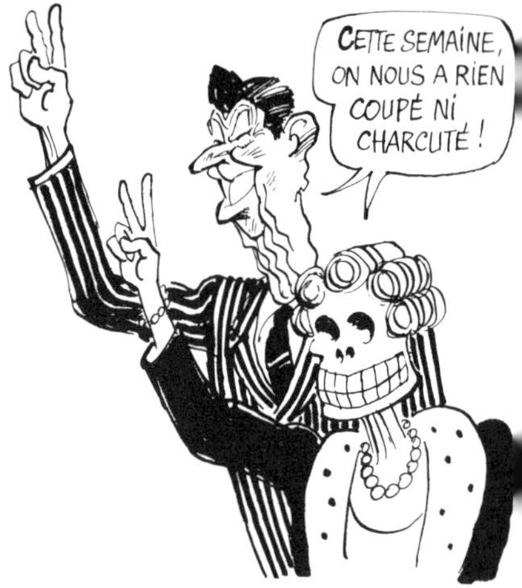

Bonne nouvelle des Etats-Unis : les époux Reagan vont beaucoup mieux !

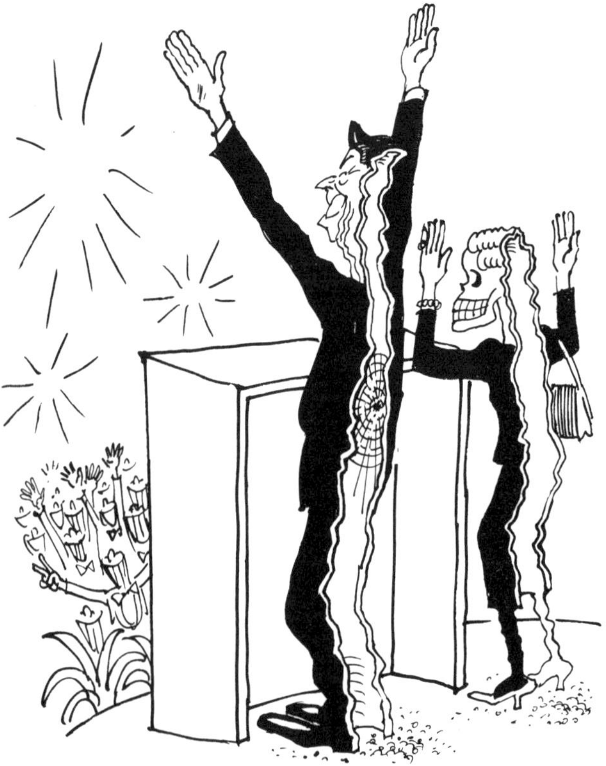

Merci, M. Trenet, d'avoir foutu le sida à tant de chanteurs nuls !

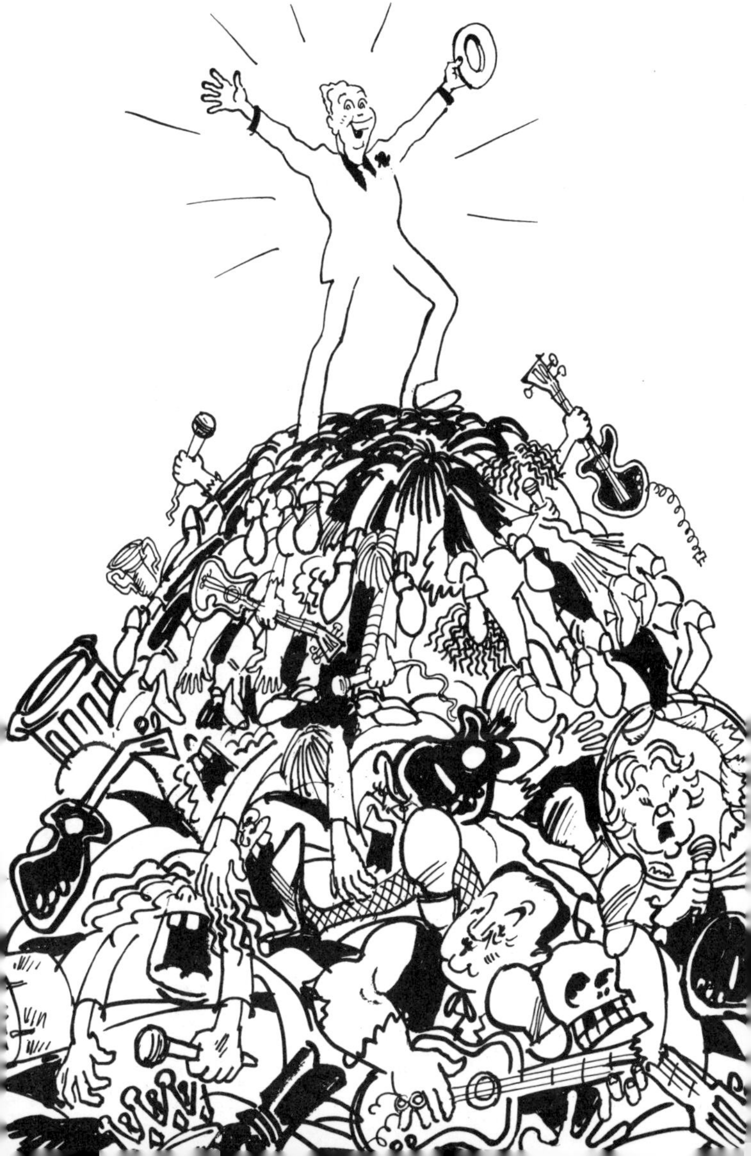

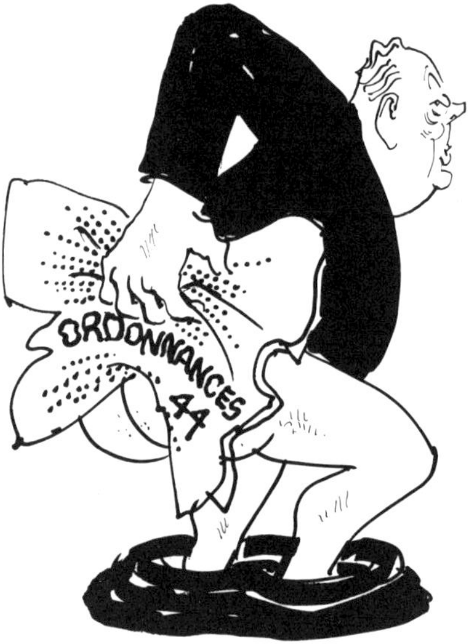

Groupe Hersant :
des journaux bien torchés.

L'art et la manière de faire carrière à T.F.1.

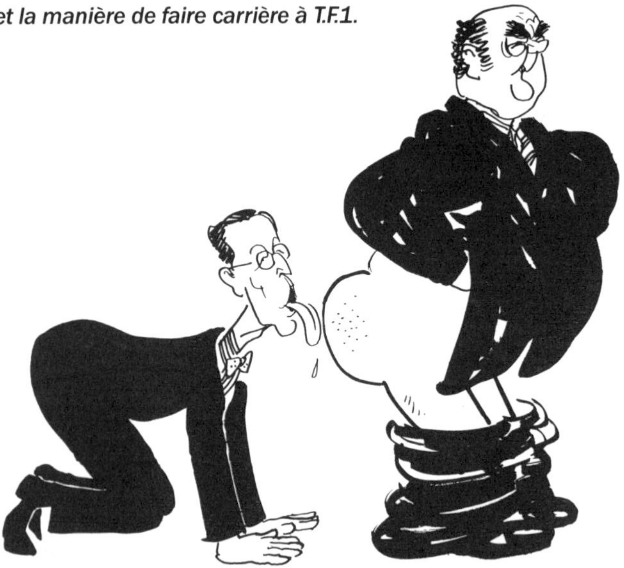

Texte intégral
de la dernière
conférence
de presse
de Claude Bez.

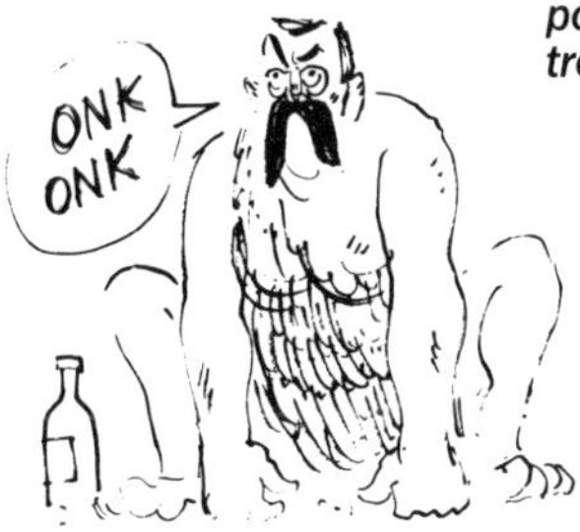

Haroun Tazieff :
sa méthode secrète
pour prévoir les
tremblements de terre.

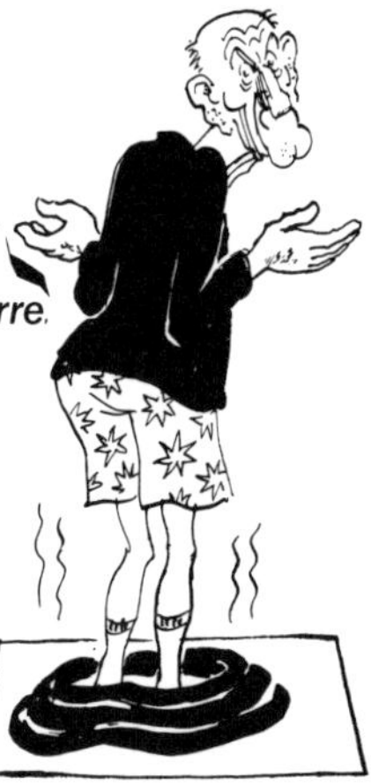

Serge July : l'ex-militant d'extrême-gauche n'aurait-il pas un peu changé ?

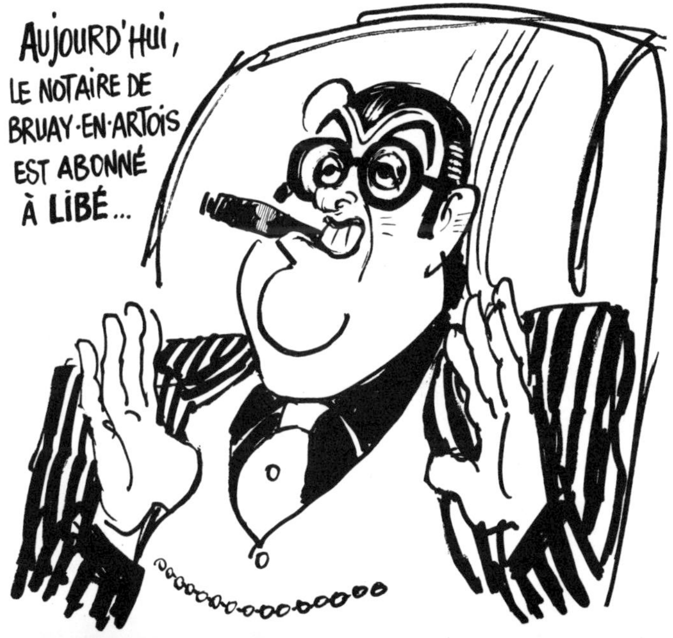

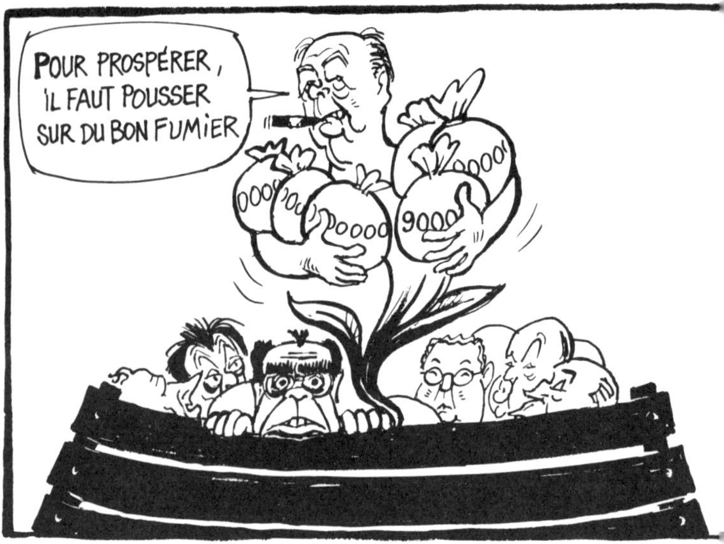

Les banquiers français unanimes : merci, la Gauche !

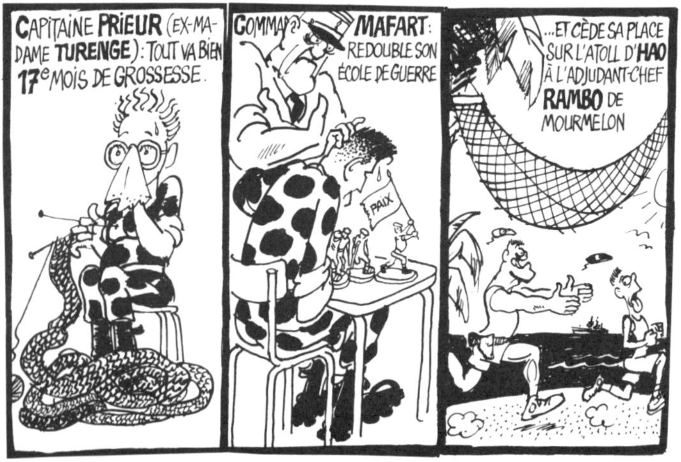

Que deviennent les faux époux Turenge ?

'abbé Pierre
ncarné au cinéma
par Lambert Wilson.

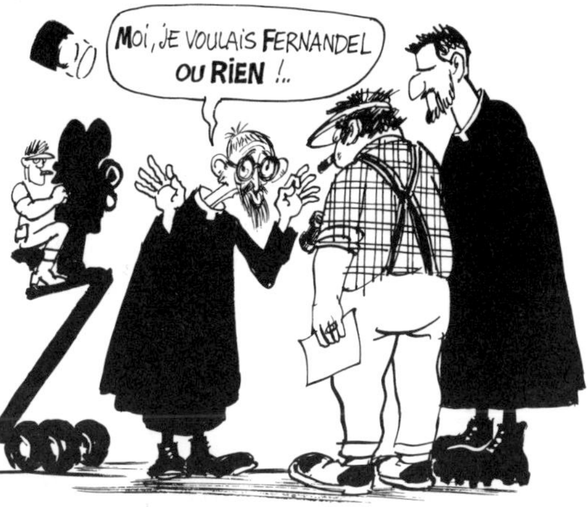

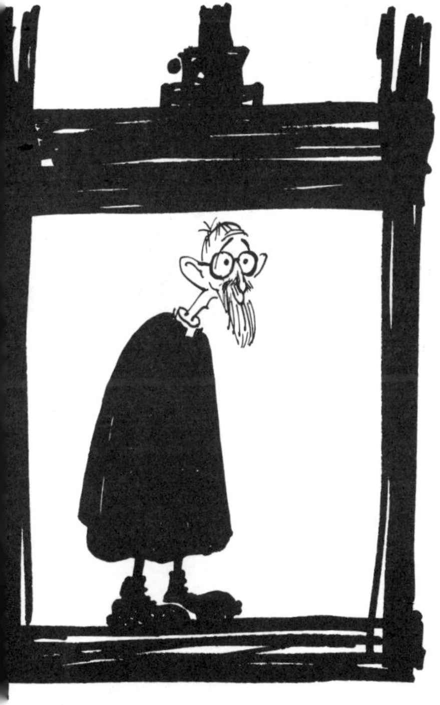

Incroyable mais vrai :
l'abbé Pierre compressé,
ça donne... César !

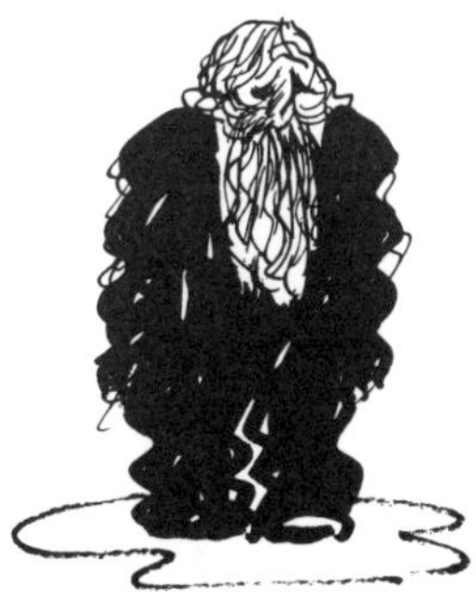

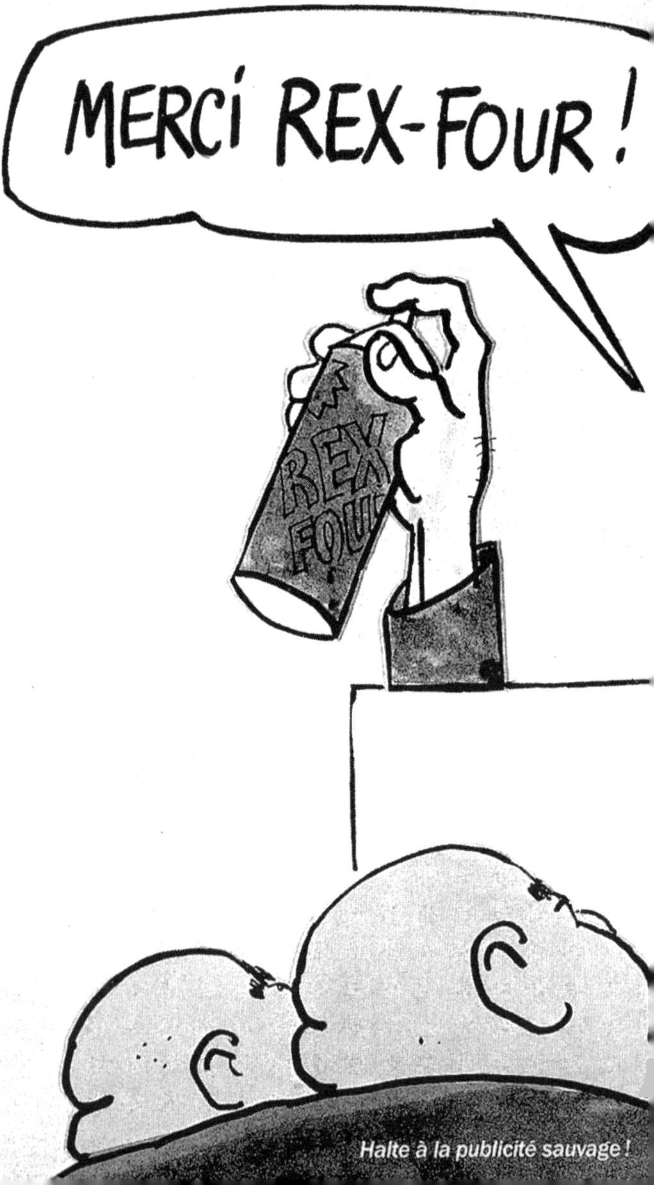
MERCI REX-FOUR !
REX FOUR
Halte à la publicité sauvage !

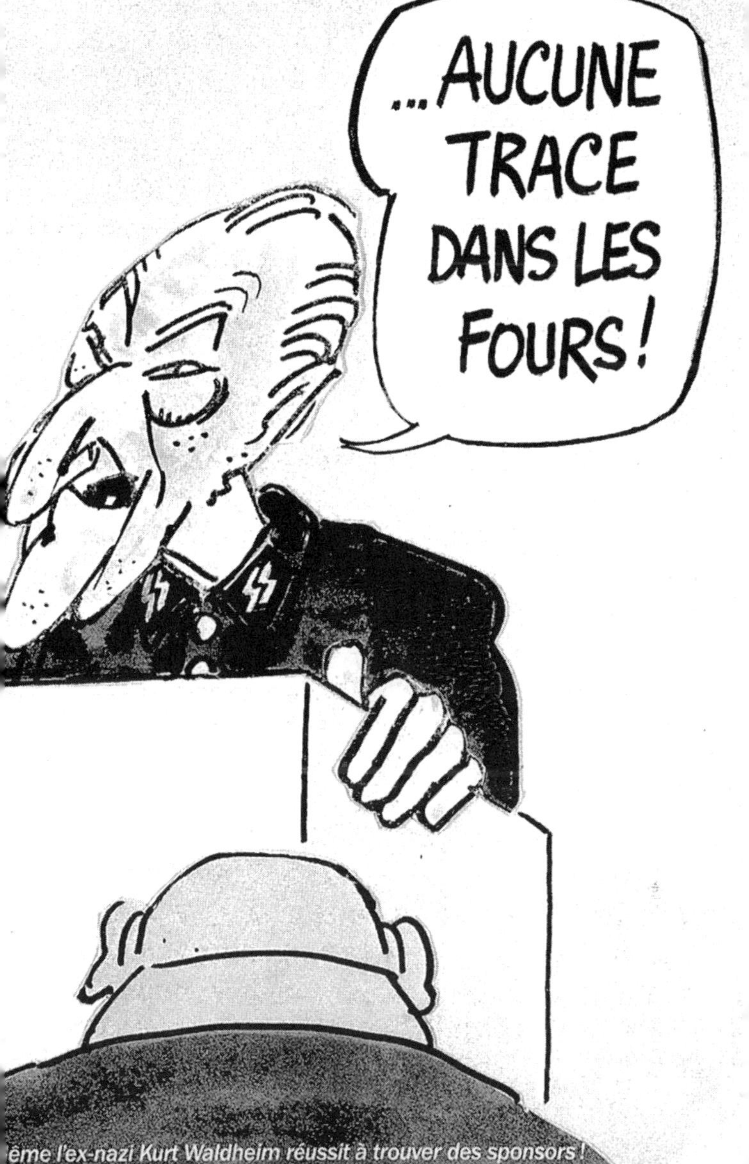

ême l'ex-nazi Kurt Waldheim réussit à trouver des sponsors !

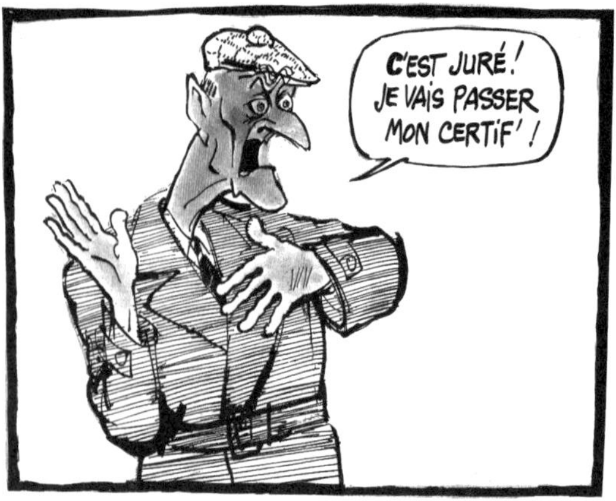

Miracle de la perestroïka : Henri Krasucki se décide à changer !

Révélations exclusives de la maréchale L...

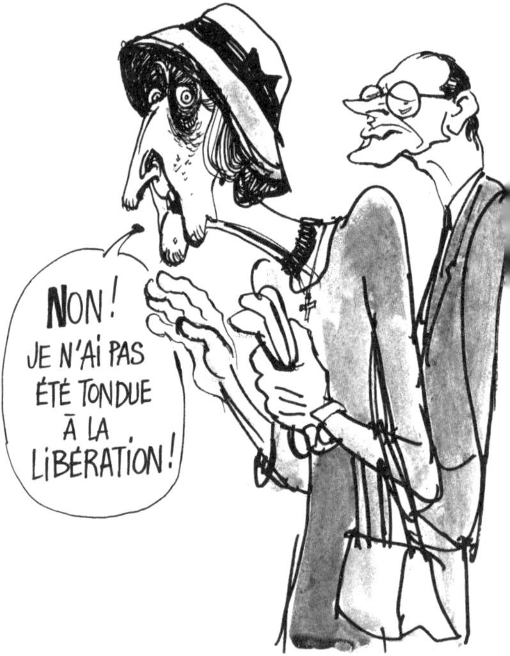

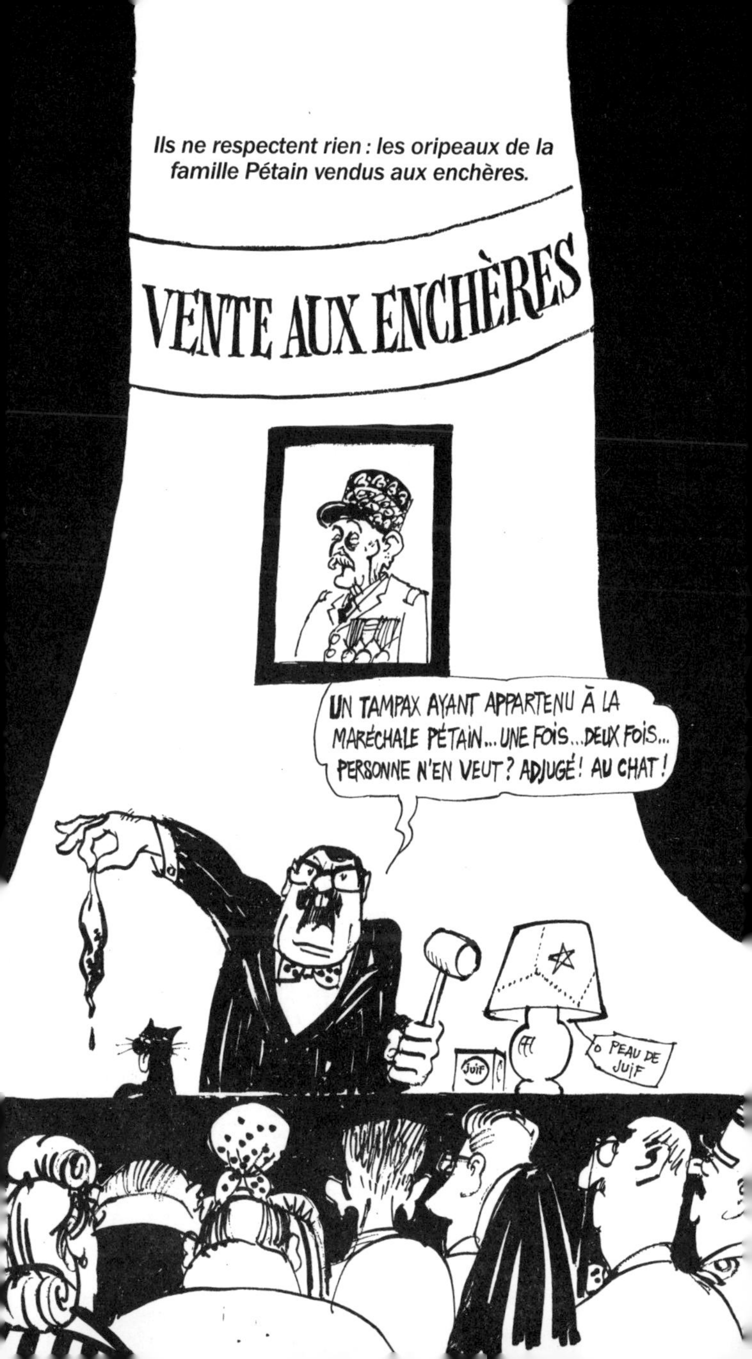

Ils ne respectent rien : les oripeaux de la famille Pétain vendus aux enchères.

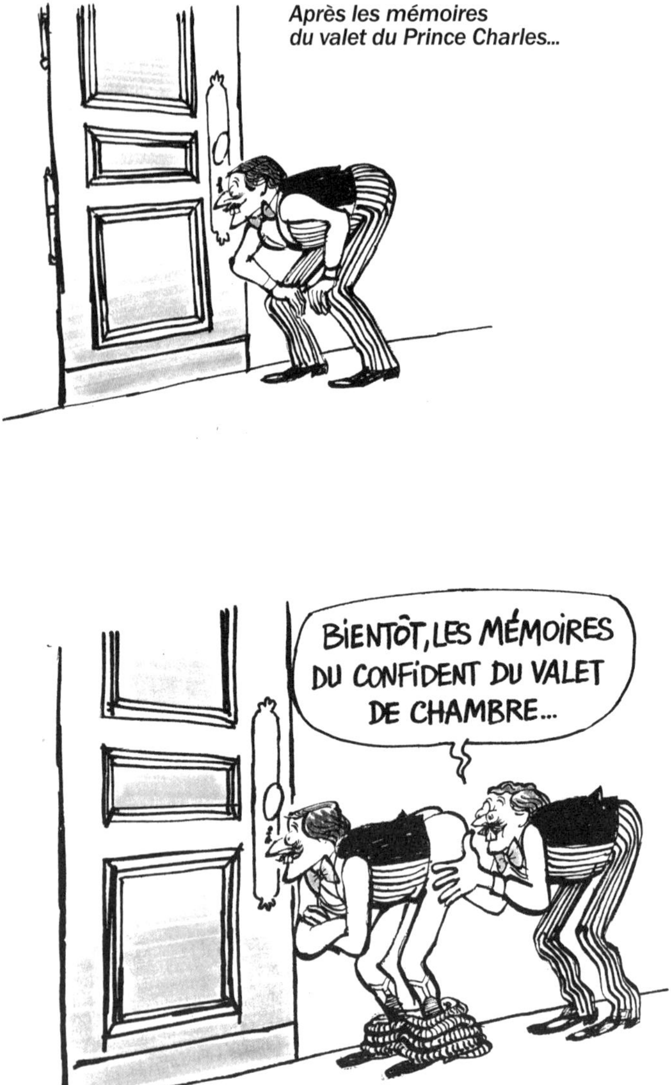
Après les mémoires
du valet du Prince Charles...
BIENTÔT, LES MÉMOIRES
DU CONFIDENT DU VALET
DE CHAMBRE...

DOSSIERS BRÛLANTS

Croquis d'audience (viol).

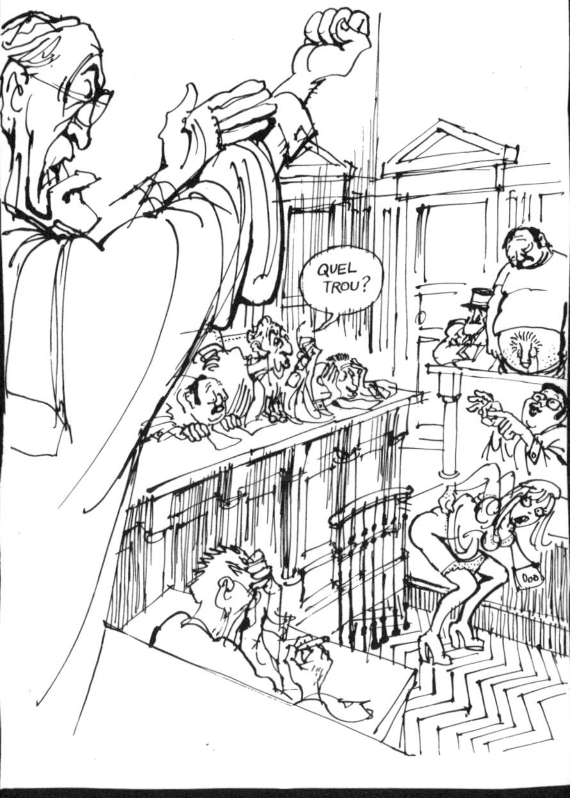

Le chômage est-il compatible avec une vie de famille harmonieuse ?

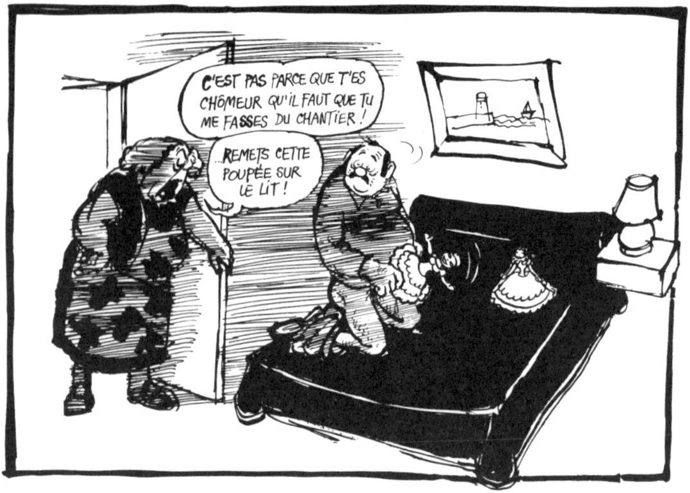

L'inceste est-il compatible avec une éducation ferme mais juste ?

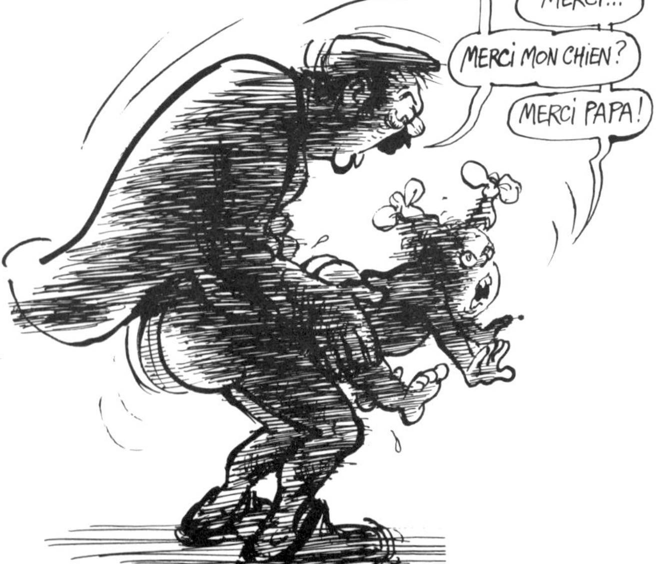

ıpa, la seconde maman...

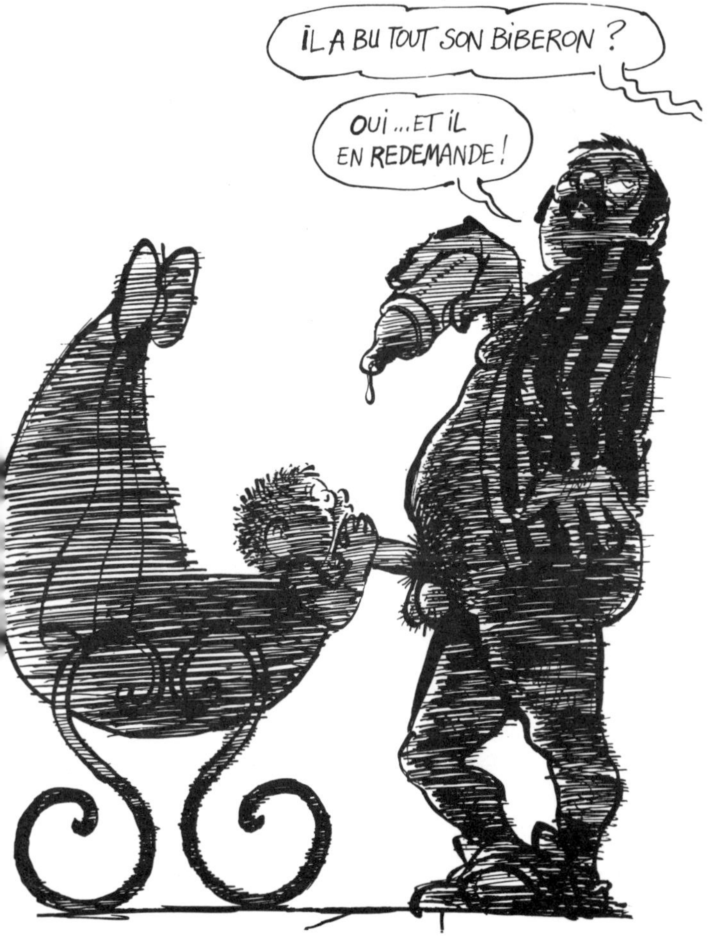

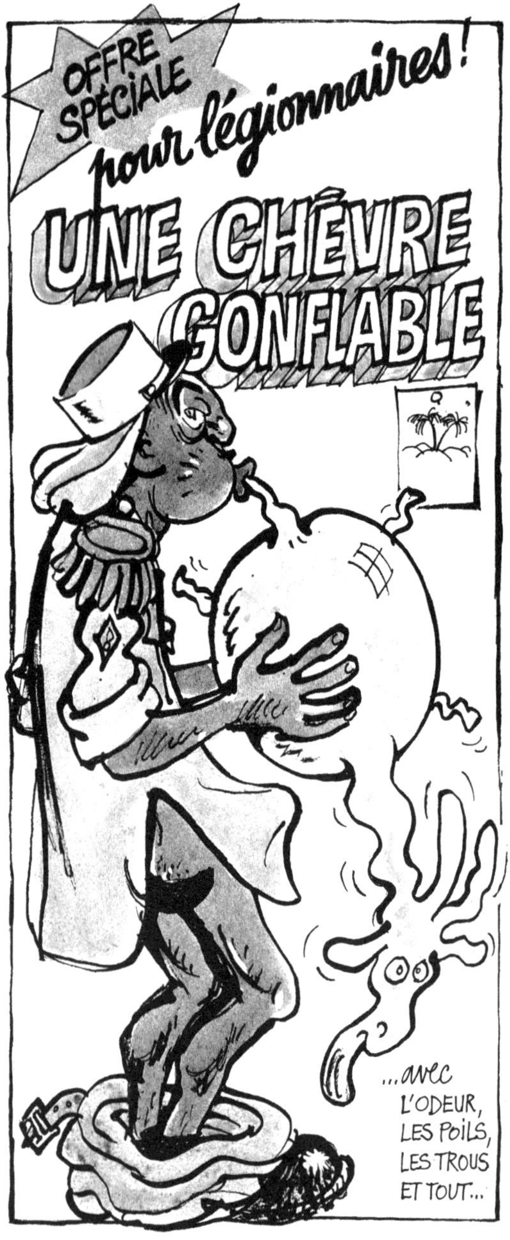

Nos amis les militaires vont enfin pouvoir mener une vie de famille normale.

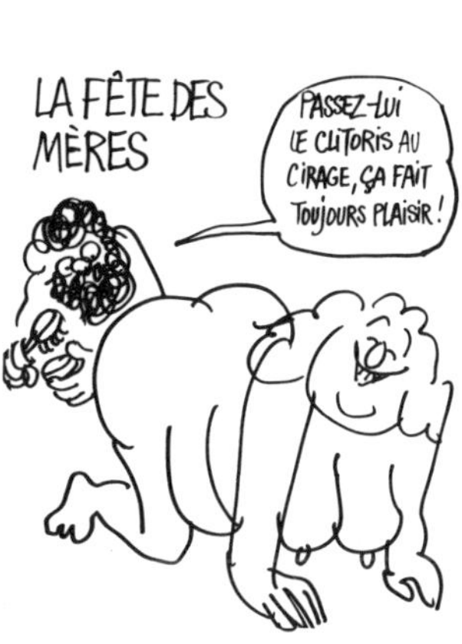
LA FÊTE DES MÈRES
PASSEZ-LUI LE CLITORIS AU CIRAGE, ÇA FAIT TOUJOURS PLAISIR !

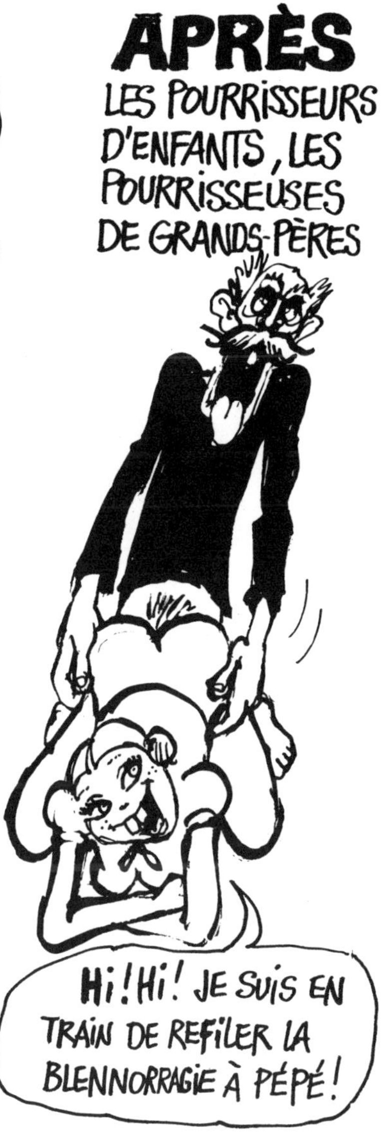
APRÈS
LES POURRISSEURS D'ENFANTS, LES POURRISSEUSES DE GRANDS-PÈRES
HI! HI! JE SUIS EN TRAIN DE REFILER LA BLENNORRAGIE À PÉPÉ!

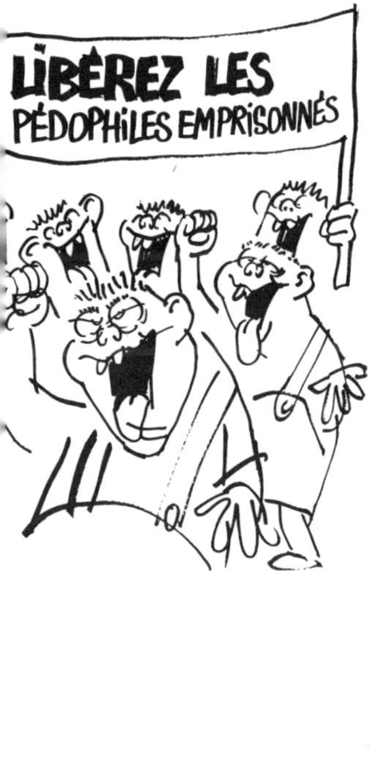
LIBÉREZ LES PÉDOPHILES EMPRISONNÉS

Les gays de San Francisco attendent la prochaine grande secousse sur l'échelle de Richter.

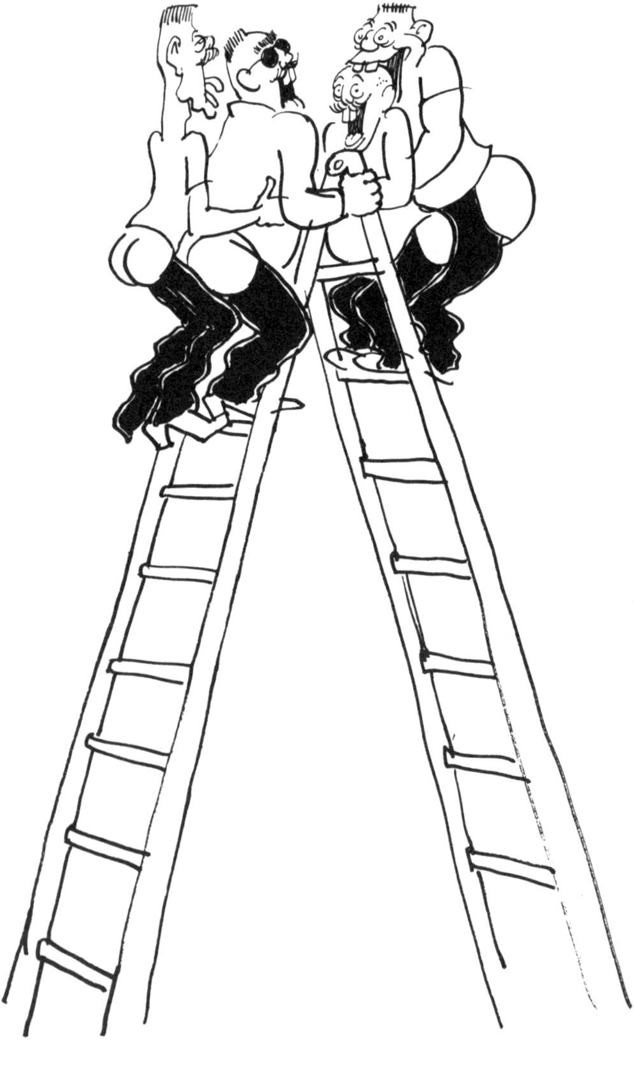

Pour vos enfants martyrs :

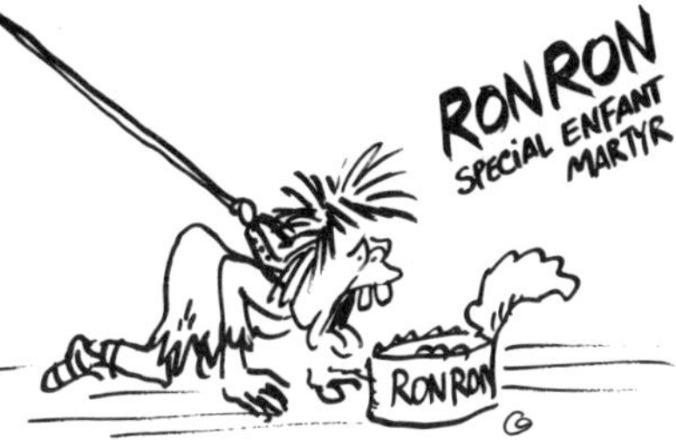

Le drame des laissés pour compte de la société.

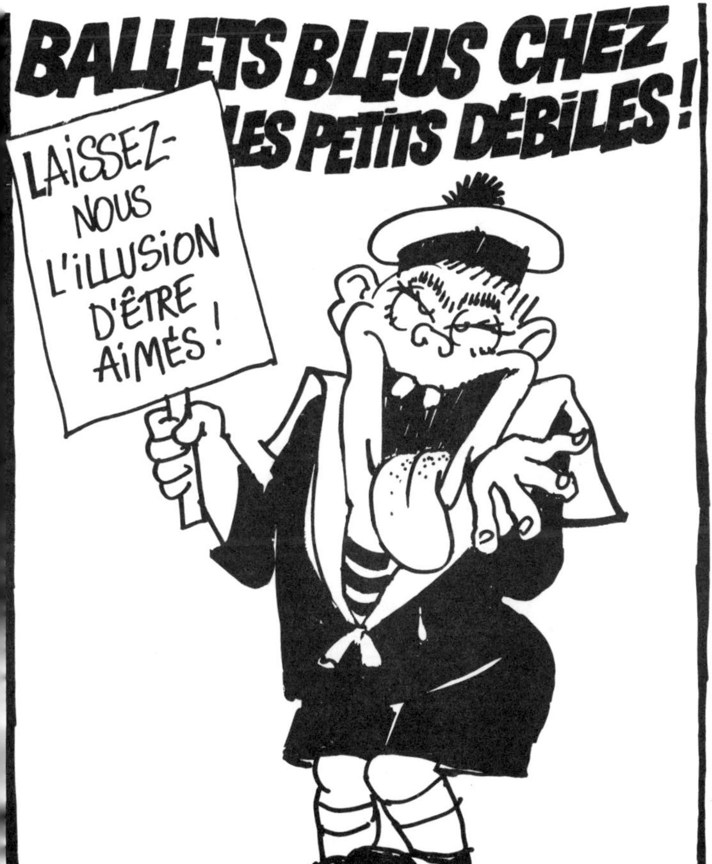

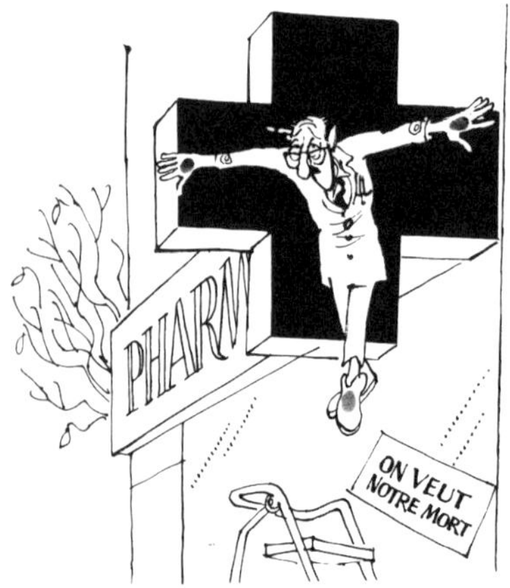

Ecrasés par les charge
les pharmaciens
sont-ils condamnés ?

LES BLAGUES DE BUREAU À L'USINE DE LA HAGU

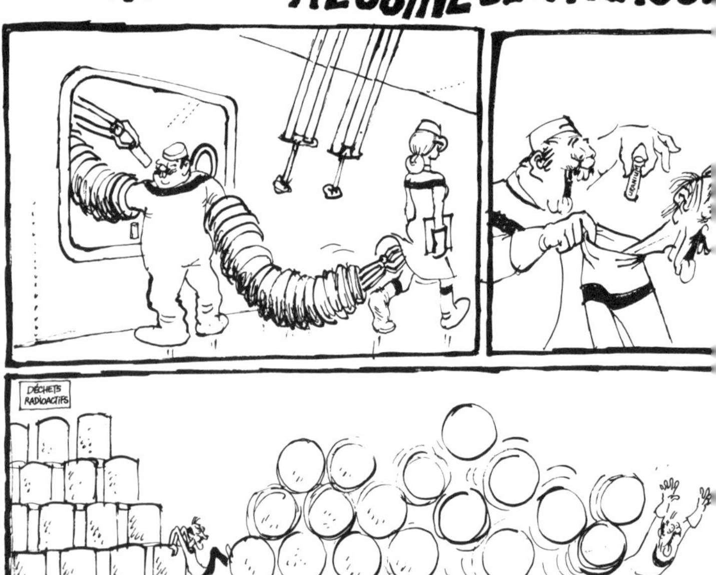

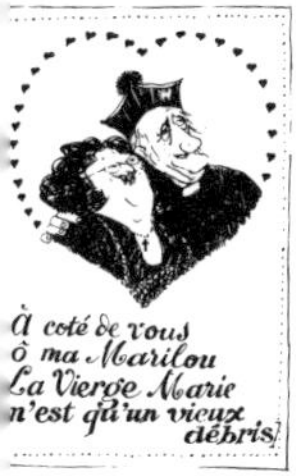

Pour ou contre le mariage des prêtres?

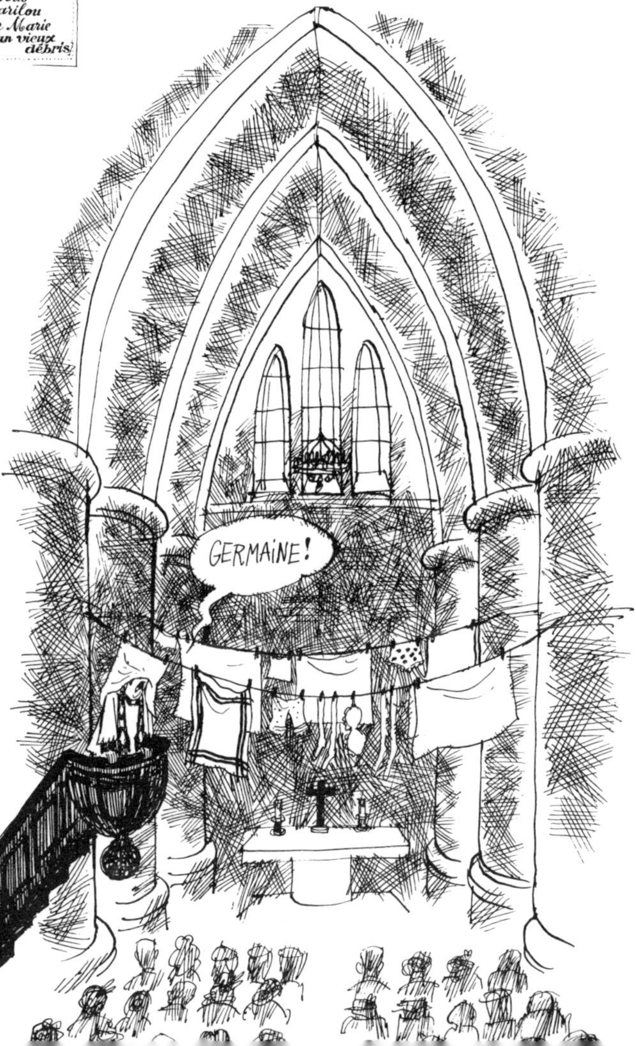

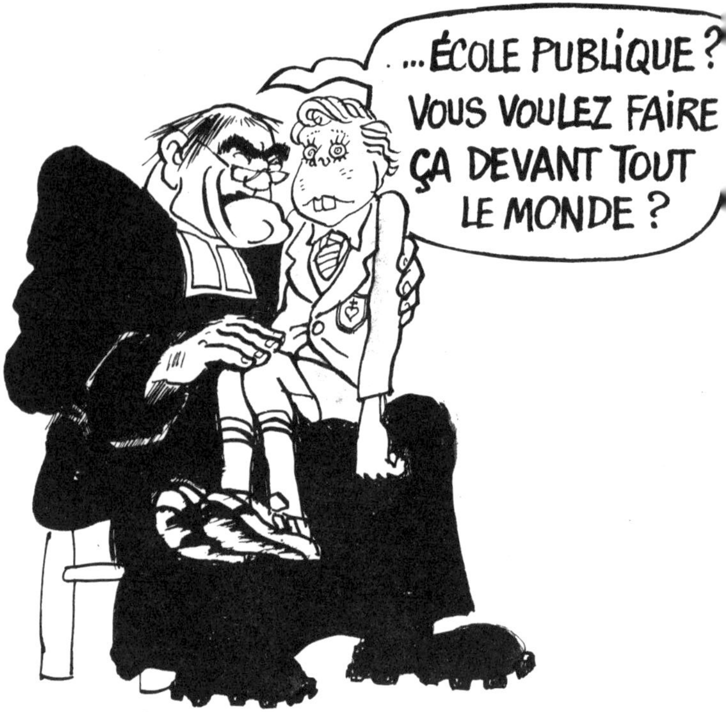

La querelle de l'école libre risque-t-elle de rebondir ?

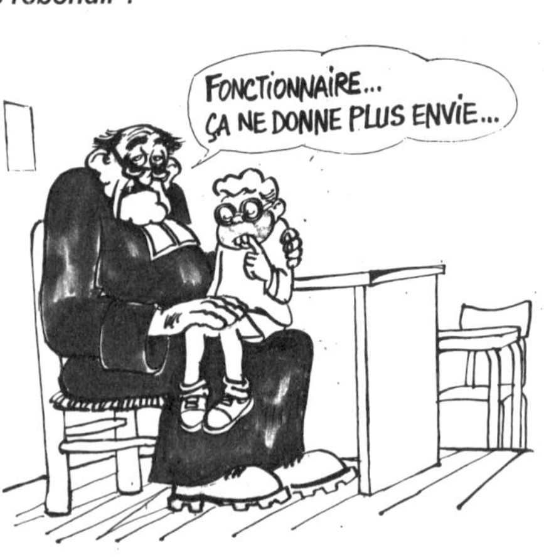

:a ne s'arrange pas au P.S. où Chevènement, ministre de la Défense,
'ire les leçons du drame roumain.

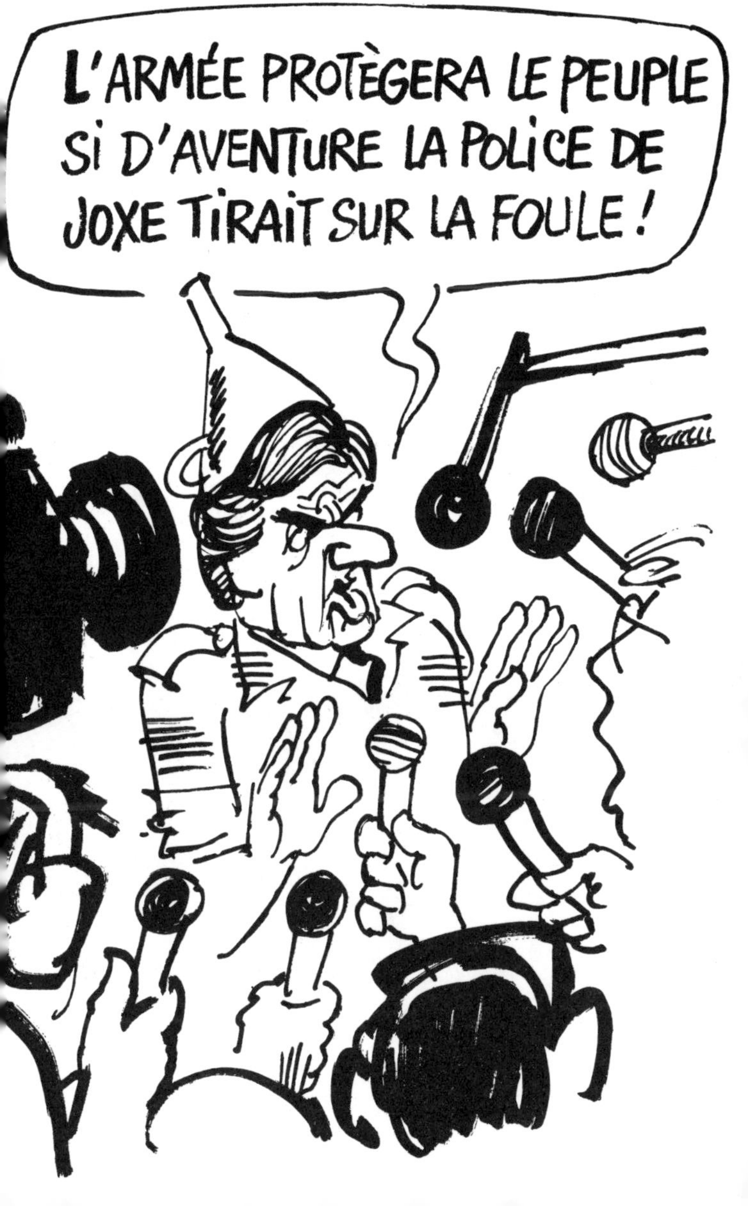

Vivement la réforme du Code pénal !

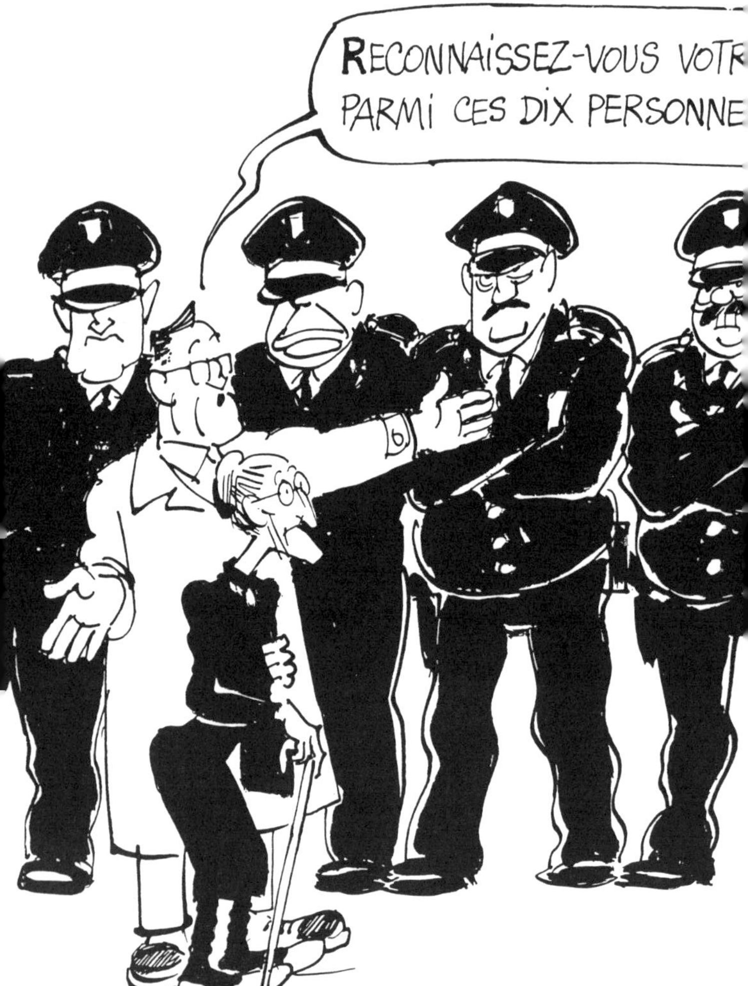

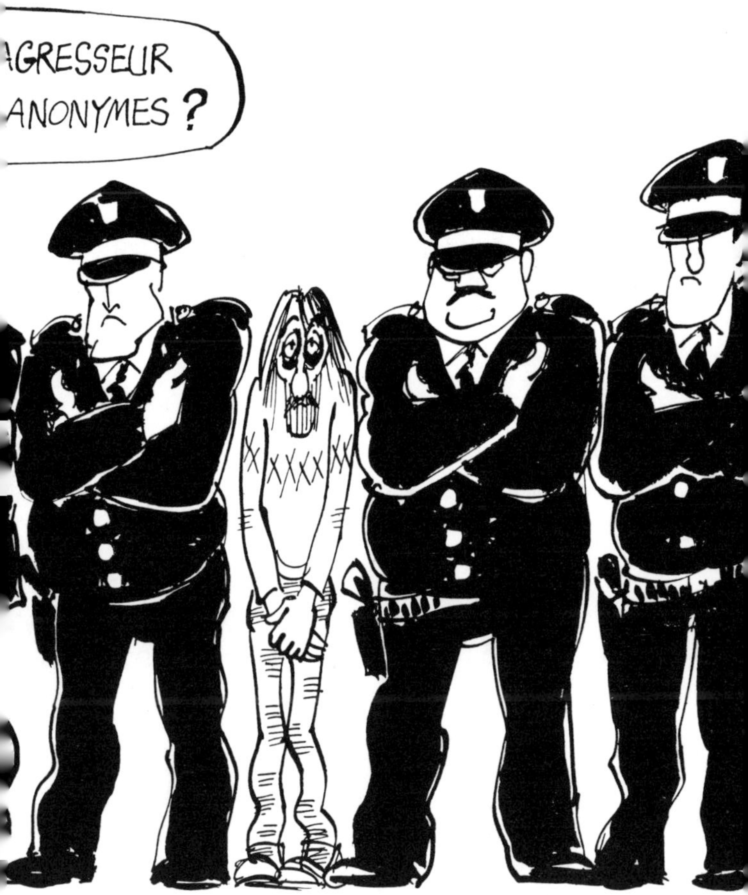
AGRESSEUR
ANONYMES ?

La police nostalgique des folles années Pasqua.

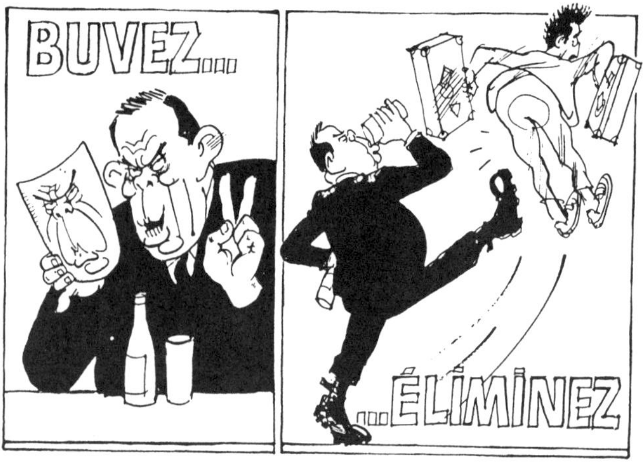

Le poinçonneur des Lilas : une reconversion réussie !

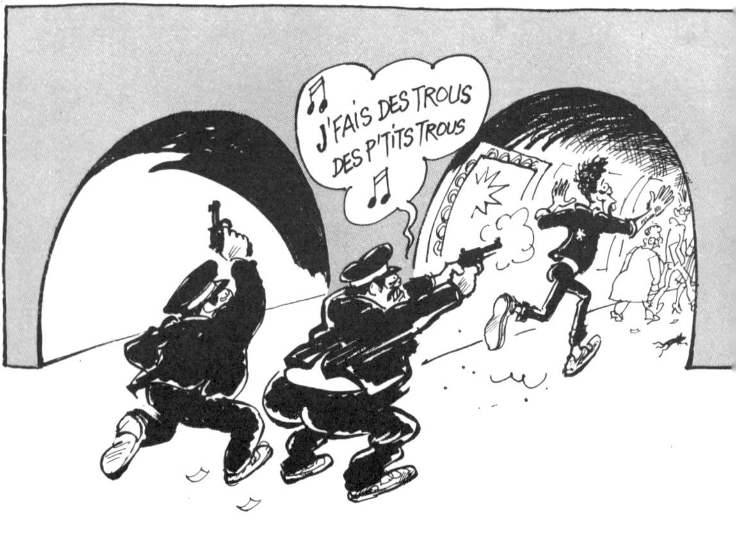

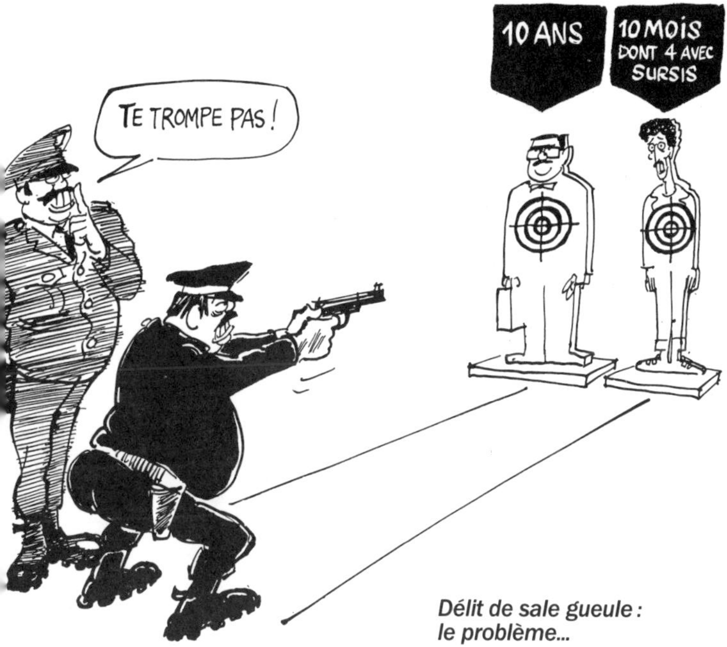

Délit de sale gueule :
le problème…

… et sa solution.

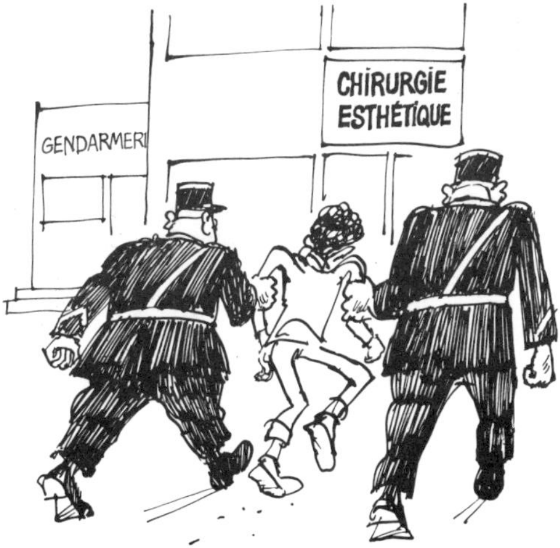

Sur Air Inter, les hôtesses sont aussi vieilles et pourries que les avions.

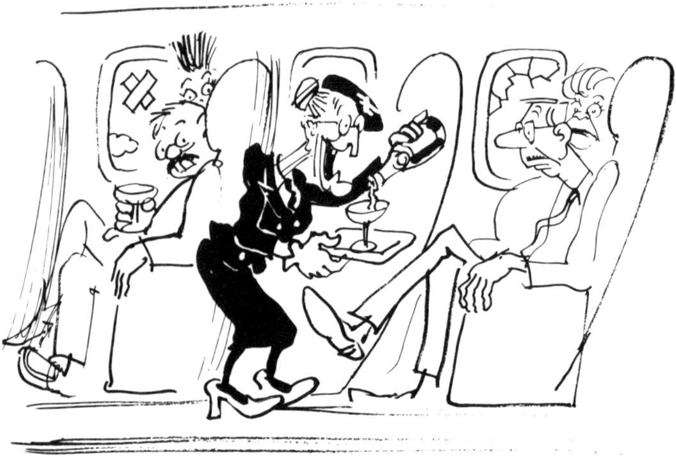

Même dans l'adversité, les Français restent toujours près de leurs sous.

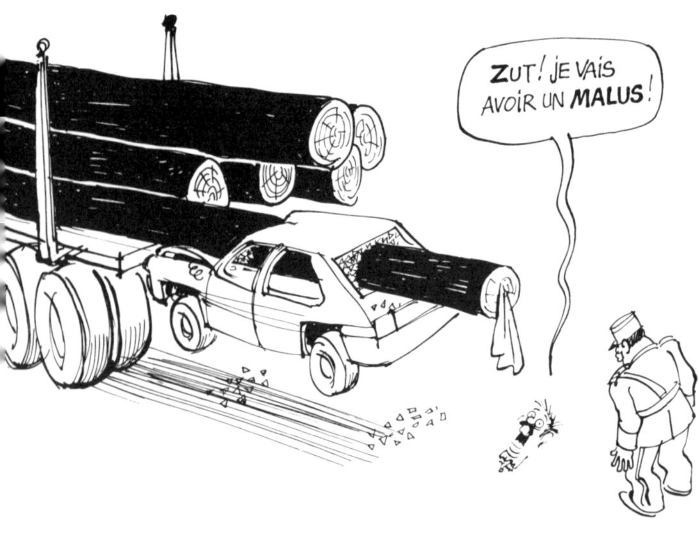

VIVE LA RÉPUBLIQUE !

L'état de la France.

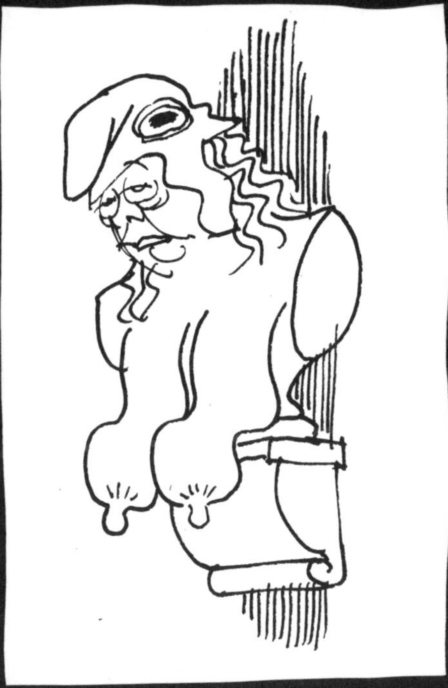

Comment Mitterrand a eu l'idée de la pyramide du Louvre.

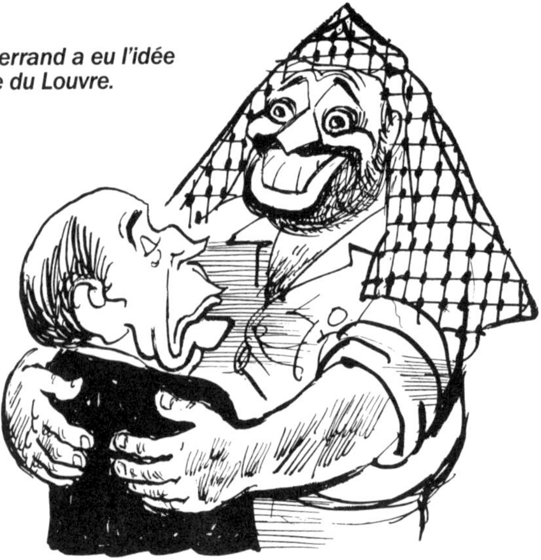

Non, Jean-Edern Hallier n'a pas renoncé à écrire un livre explosif sur la vie privée de Tonton !

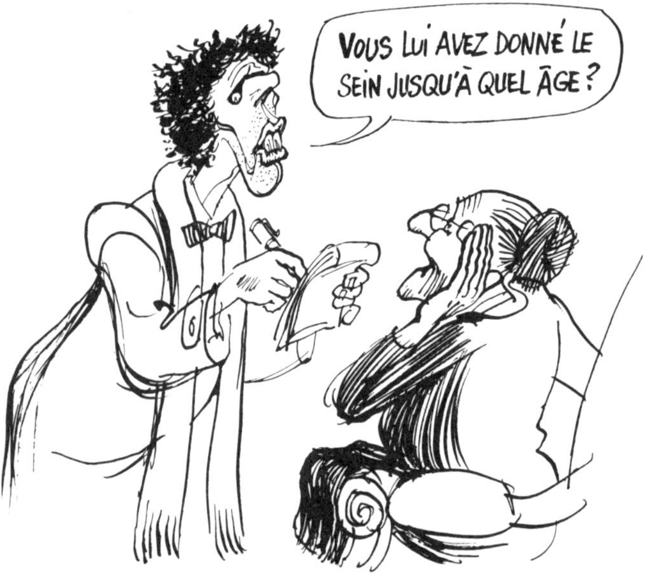

Exclusif ! C'est Mitterrand lui-même qui a recueilli les dernières paroles de Gaston Defferre.

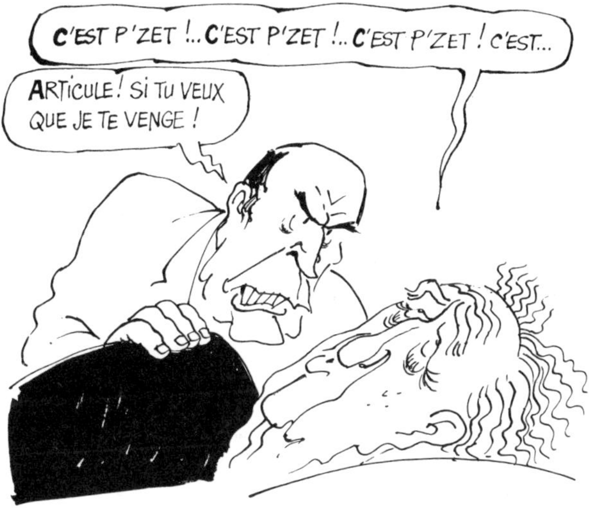

Le drame du camarade Jospin.

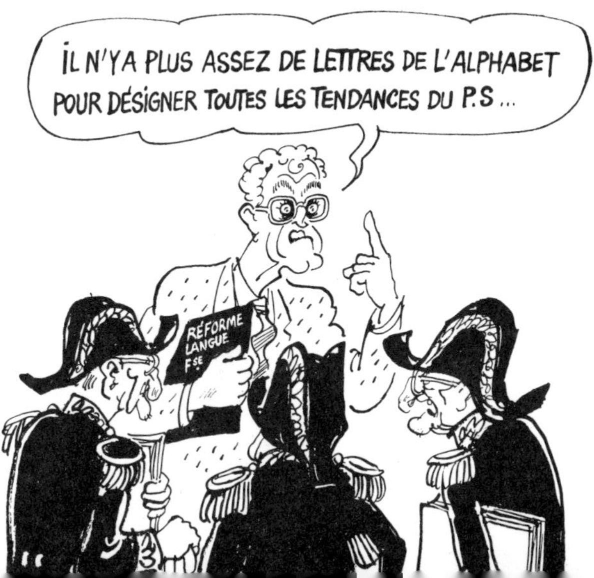

La guerre des chefs au Parti Socialiste : le bon peuple n'en perd pas une miette.

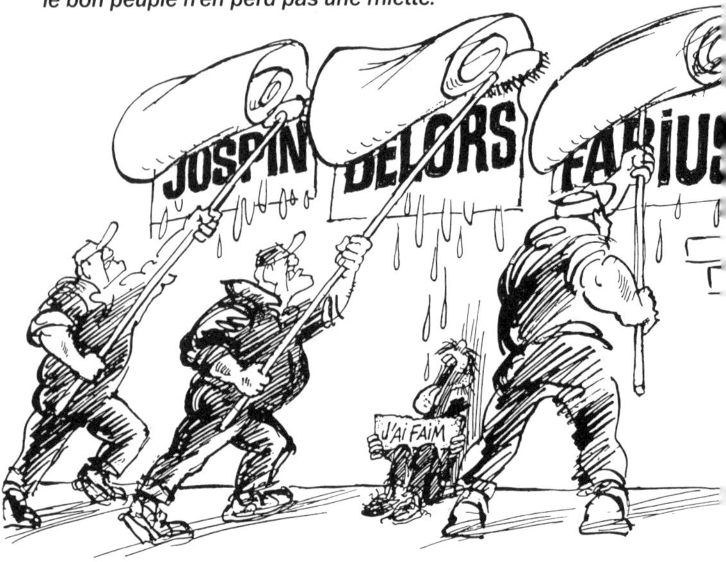

François Mitterrand: un cœur gros comme ça.

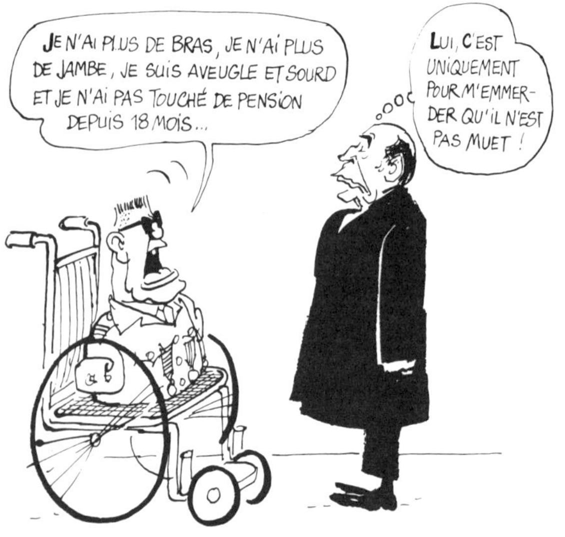

apie rêve toujours à la mairie de Marseille.

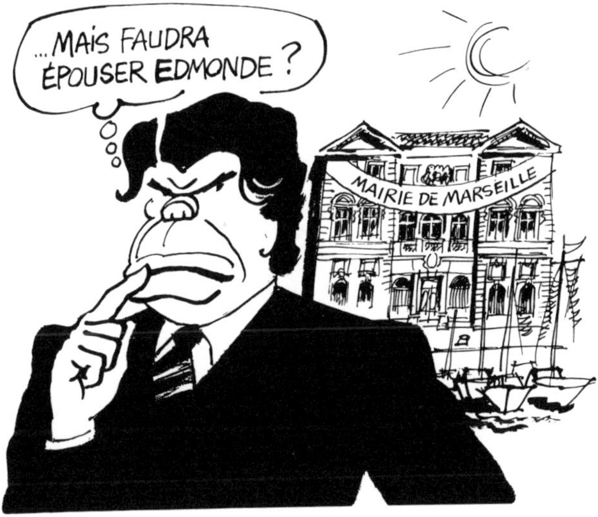

Montée de l'extrême-droite : merci, Giscard !

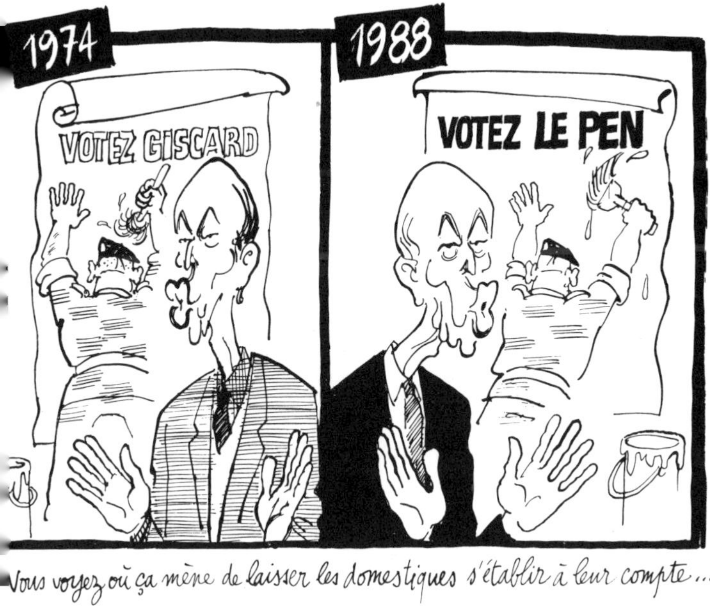

Vous voyez où ça mène de laisser les domestiques s'établir à leur compte...

Marchais prêt à tout pour sauver ses vacances chez son ami Ceaucescu.

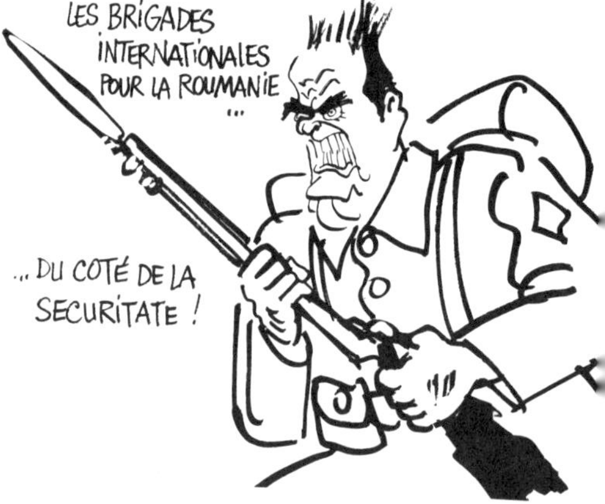

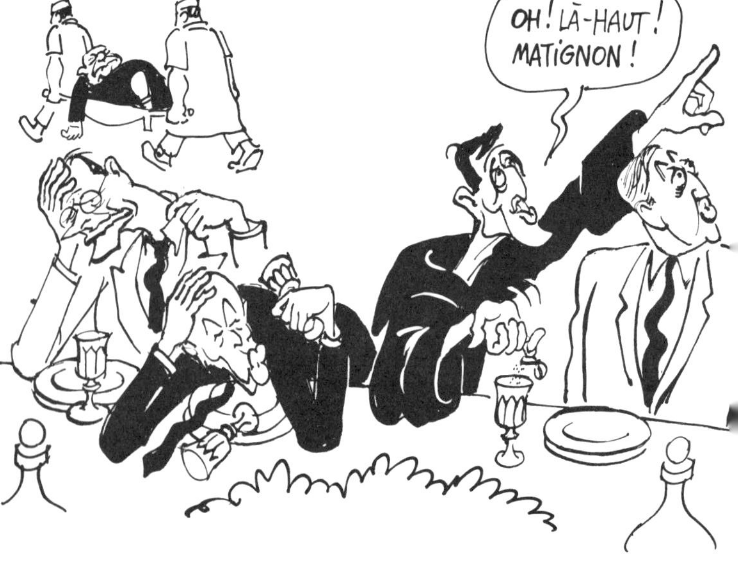

Pierre Méhaignerie est-il vraiment aussi con qu'il en a l'air ?

La méthode Rocard :
laisser pourrir !

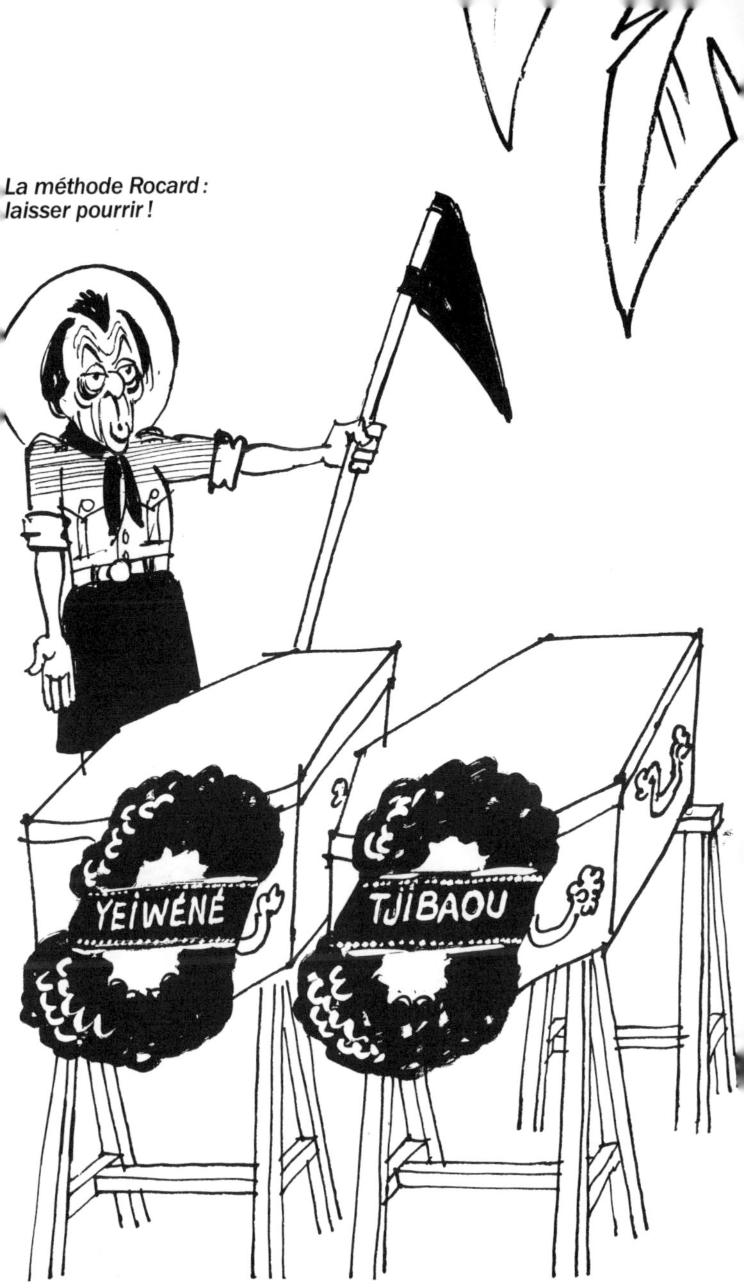

Vacances à Latche.

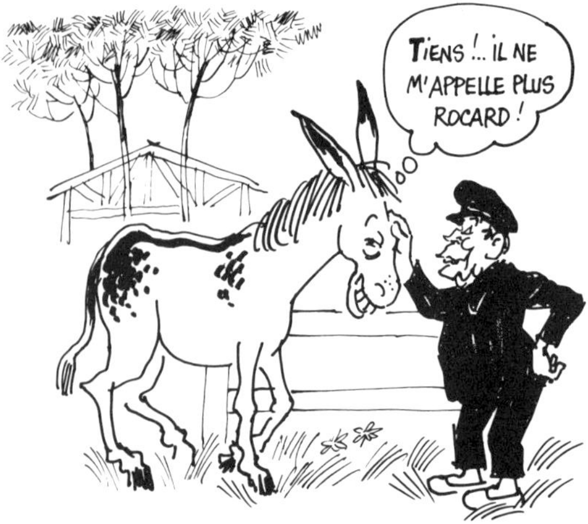

Valmy, terre chargée d'histoire.

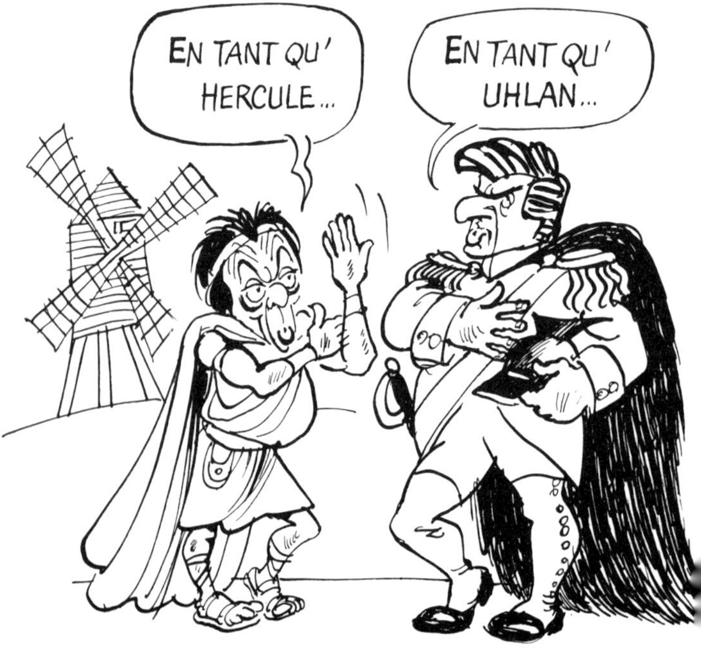

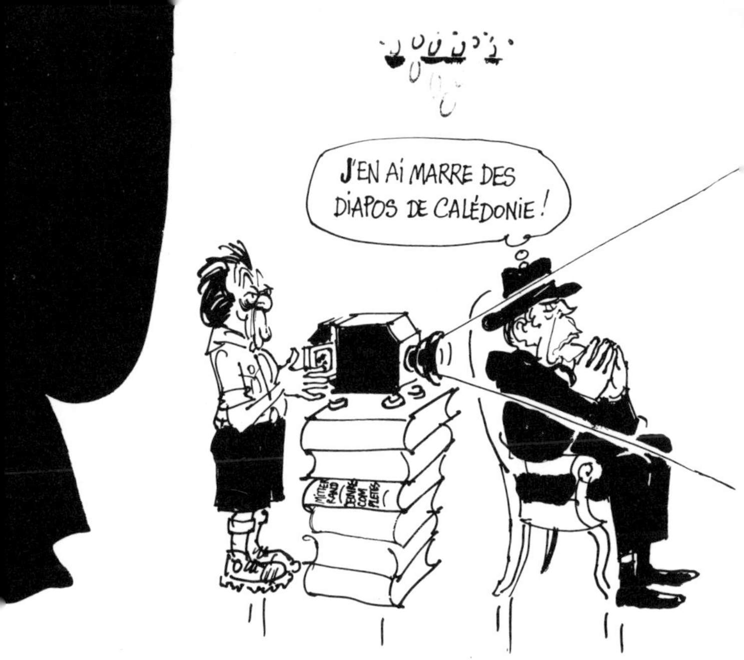

Scènes de la vie conjugale.

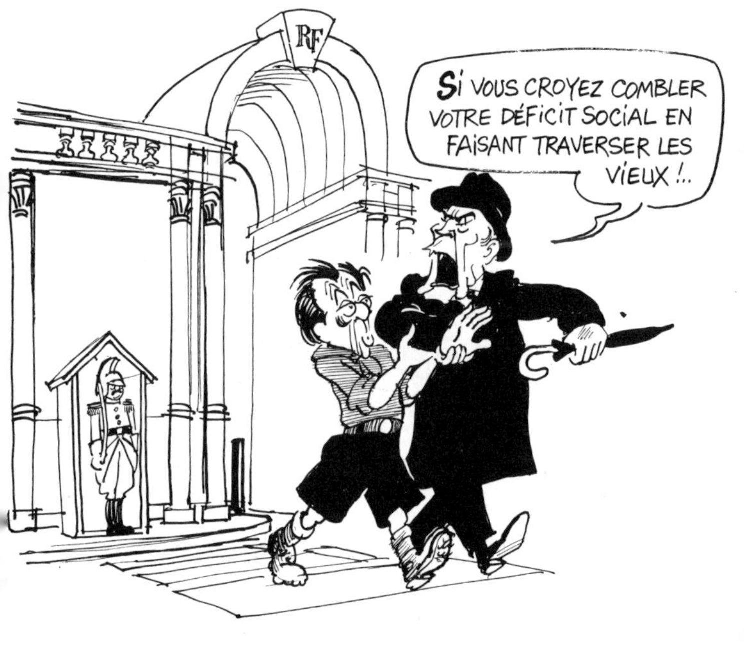

Encore un nouveau Crados !

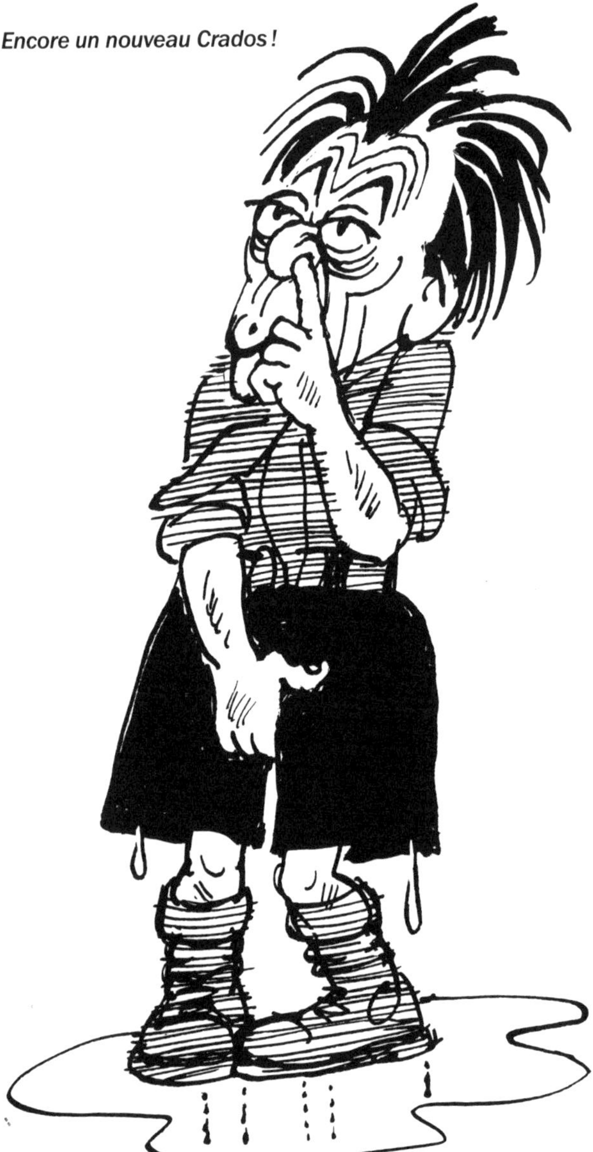

Les médecins sont formels :

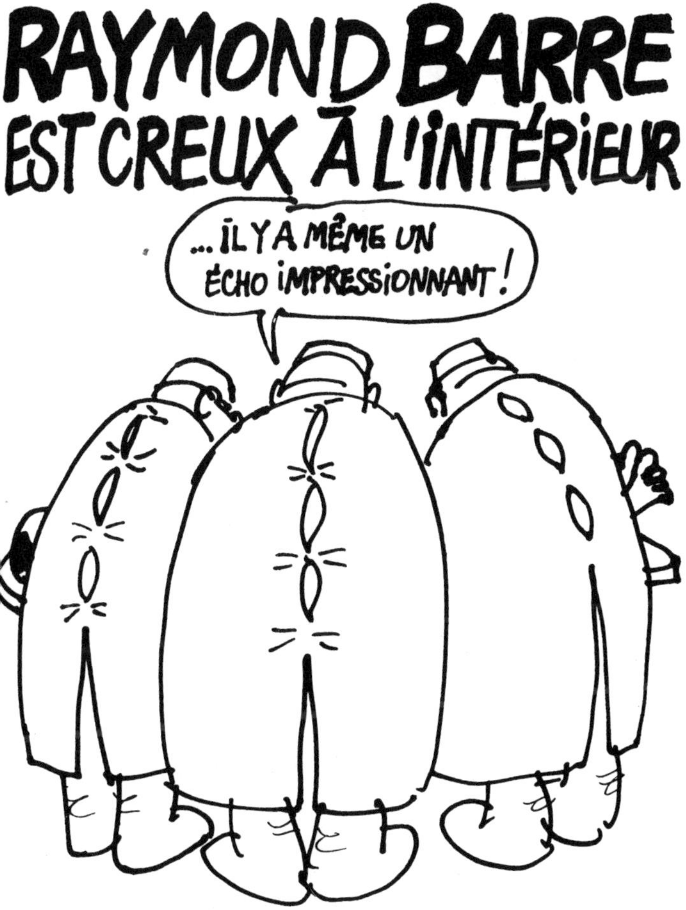

L'horrible vérité !

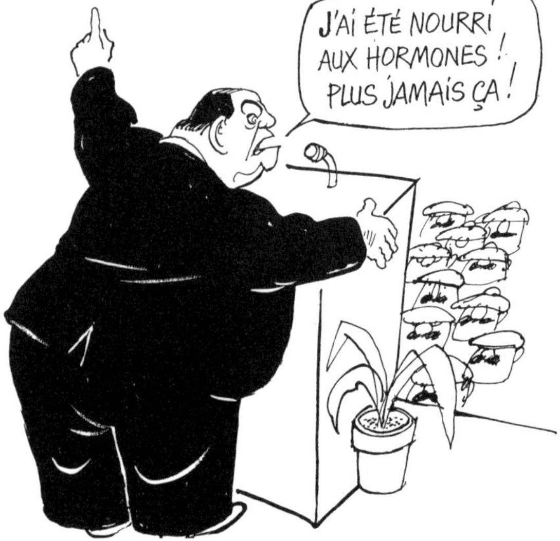

L'union de l'opposition, il s'en tape !

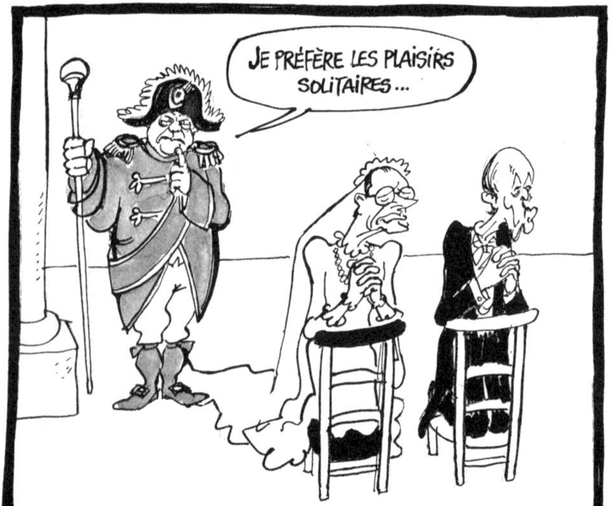

Jacques Chirac se décide enfin à tirer la leçon de ses échecs.

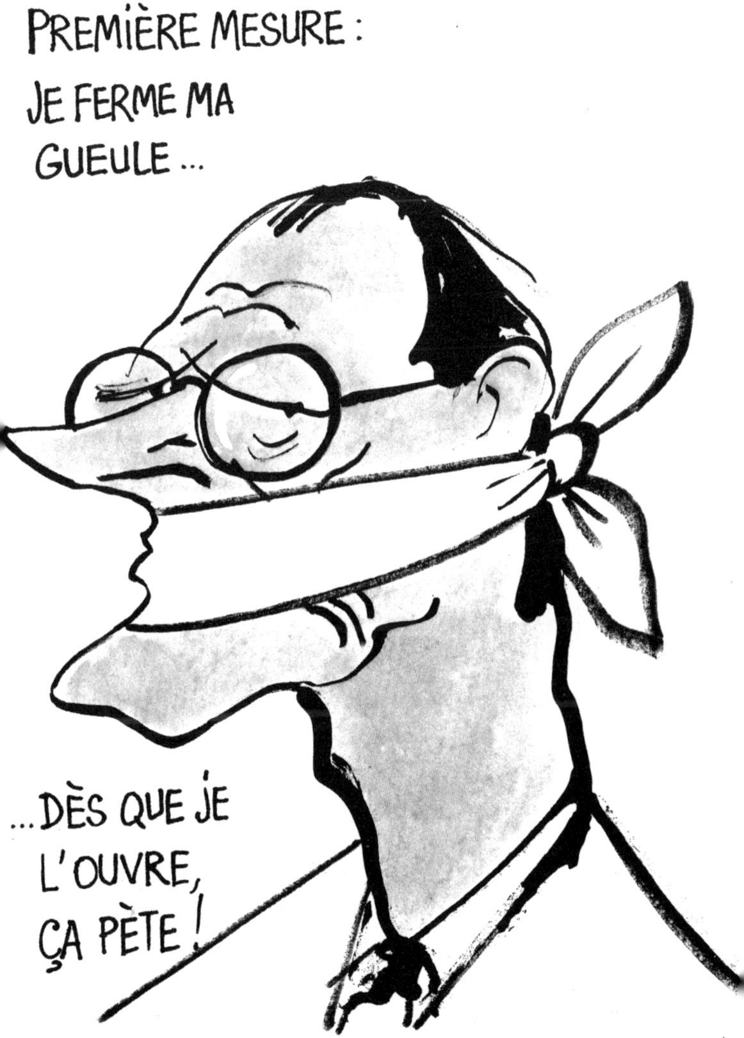

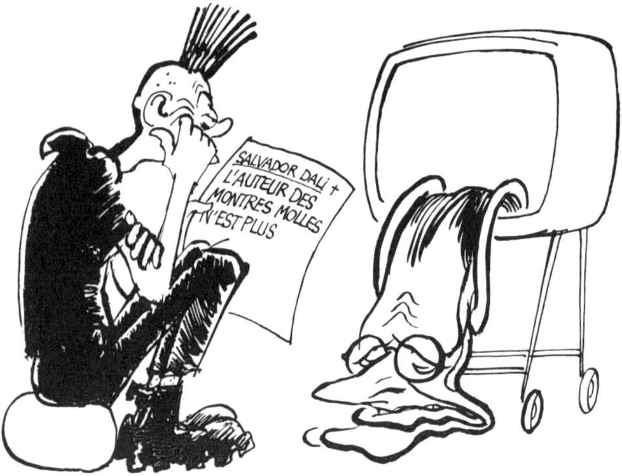

Chirac doit-il changer de conseiller en communication ?

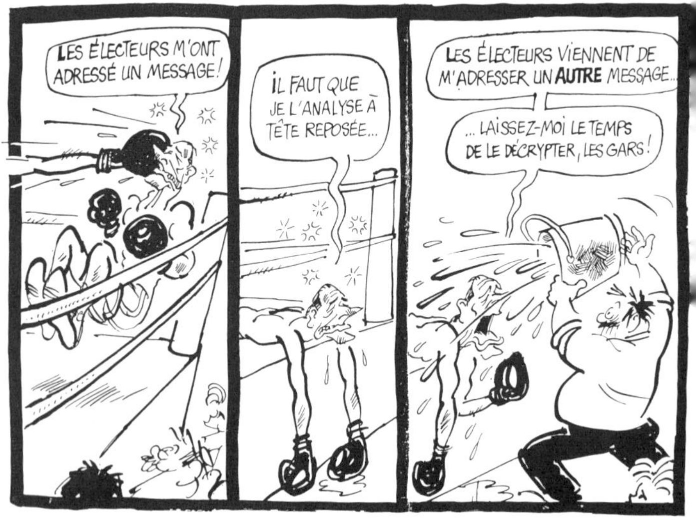

Enfin une vraie politique du logement social à Paris !

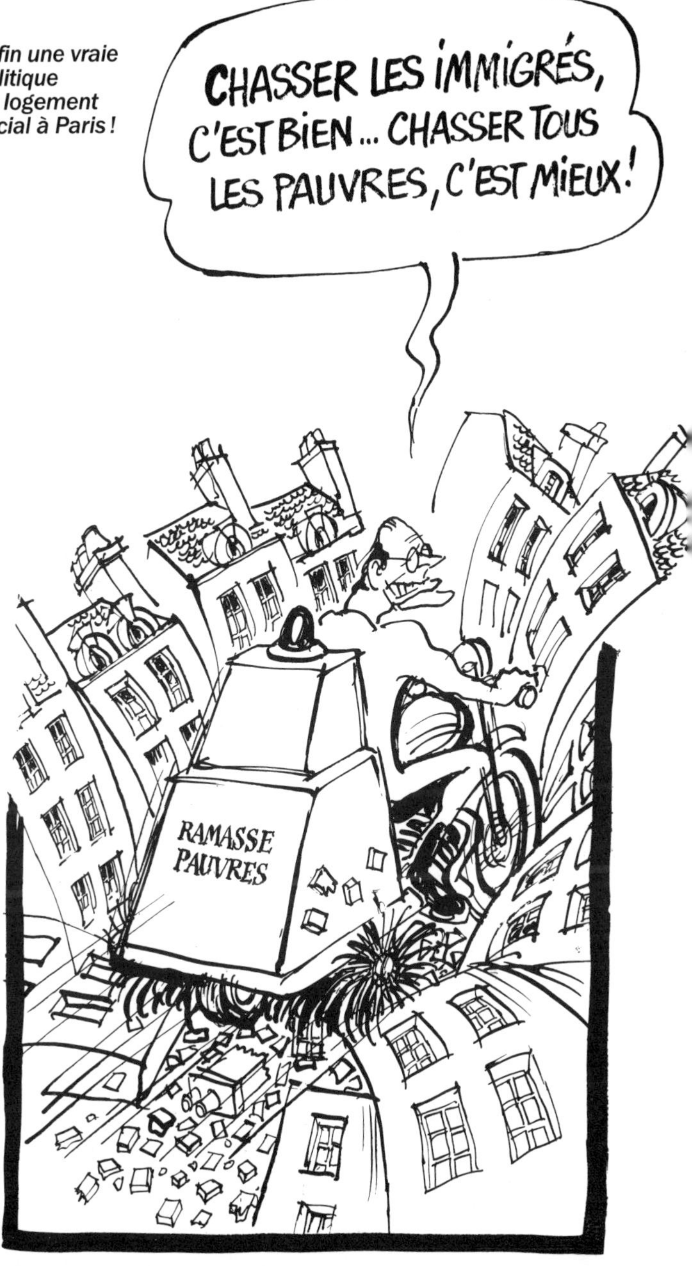

A la télé, on ne voit plus que lui.

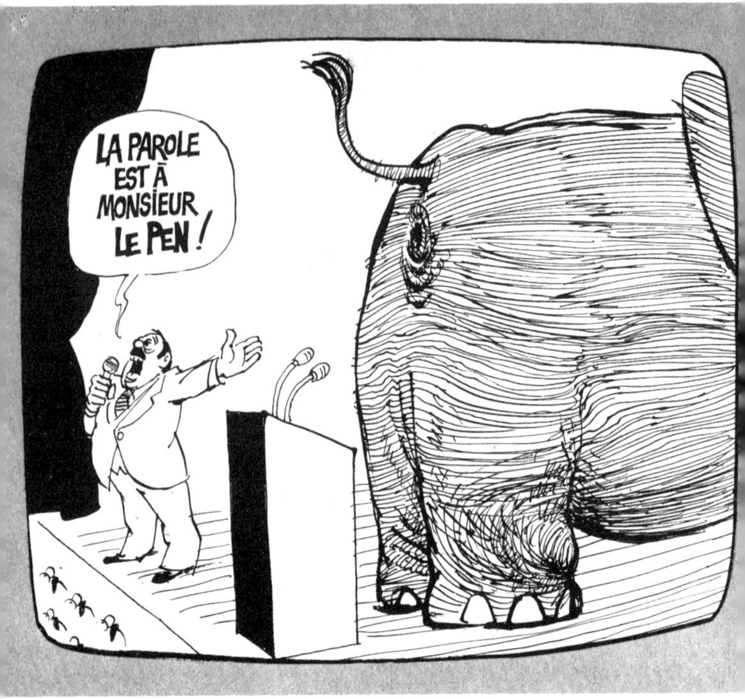

Faudra-t-il couper la France en deux ?

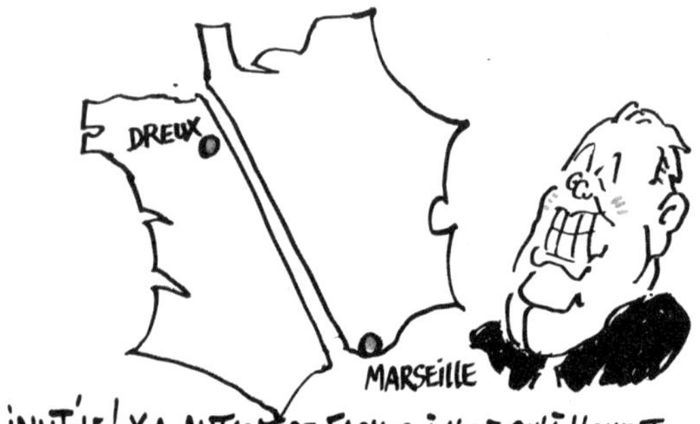

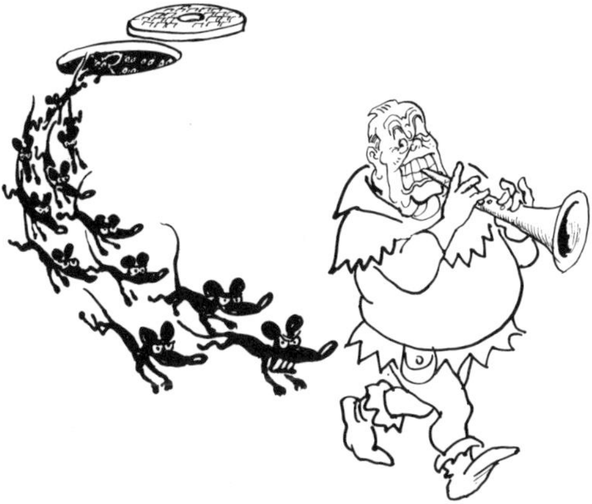

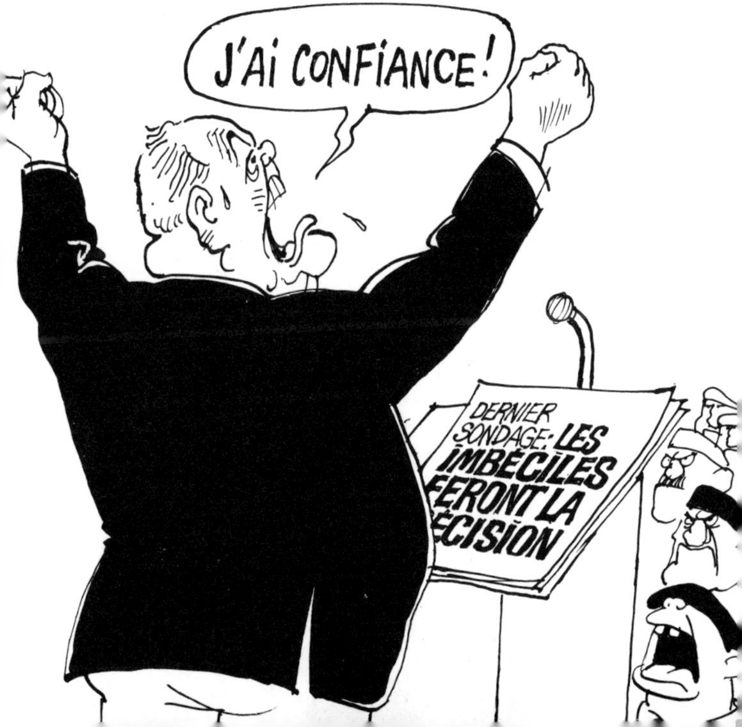
J'AI CONFIANCE !
DERNIER SONDAGE : LES IMBÉCILES FERONT LA DÉCISION

Les loups sont entrés dans Dreux.

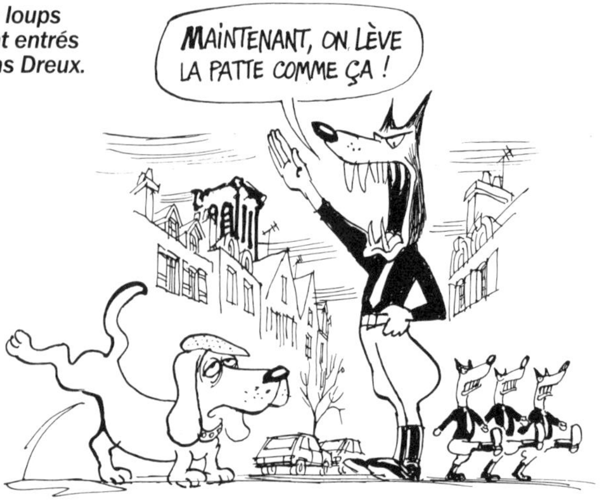

Enfin un grand dessein pour la France ?

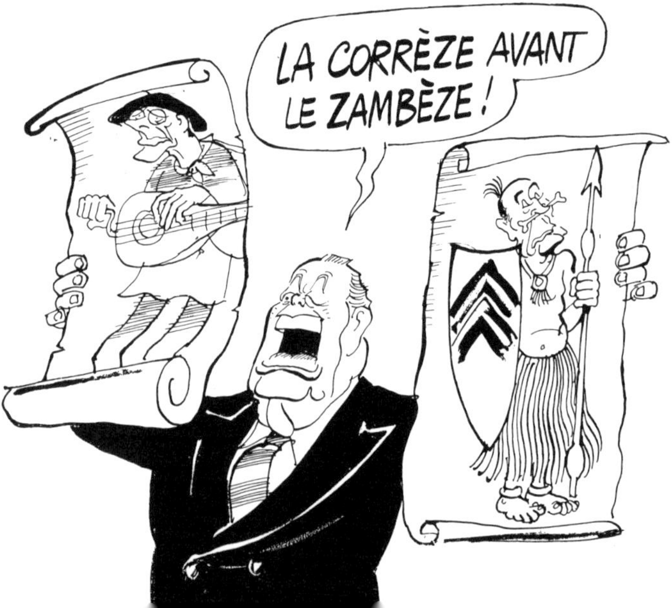

es petits plaisirs de Le Pen...

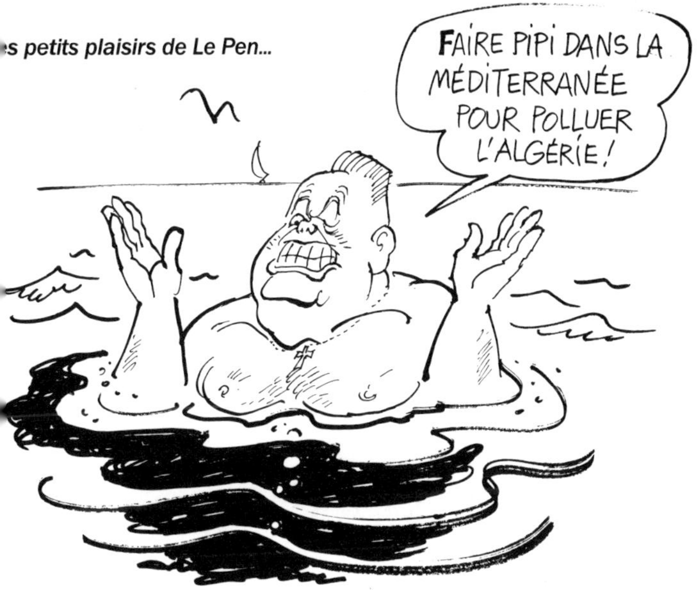

... et ses vicissitudes.

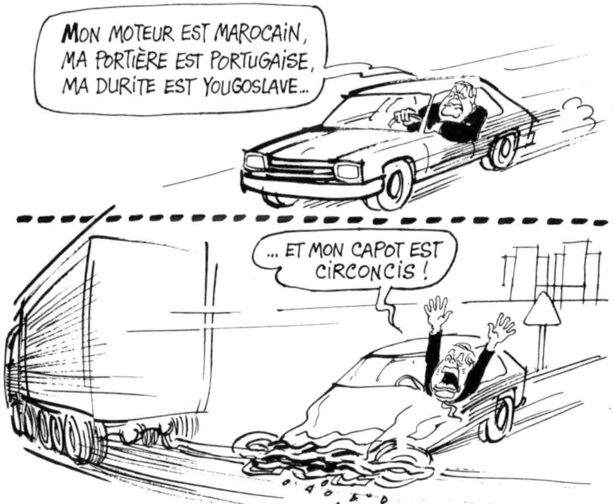

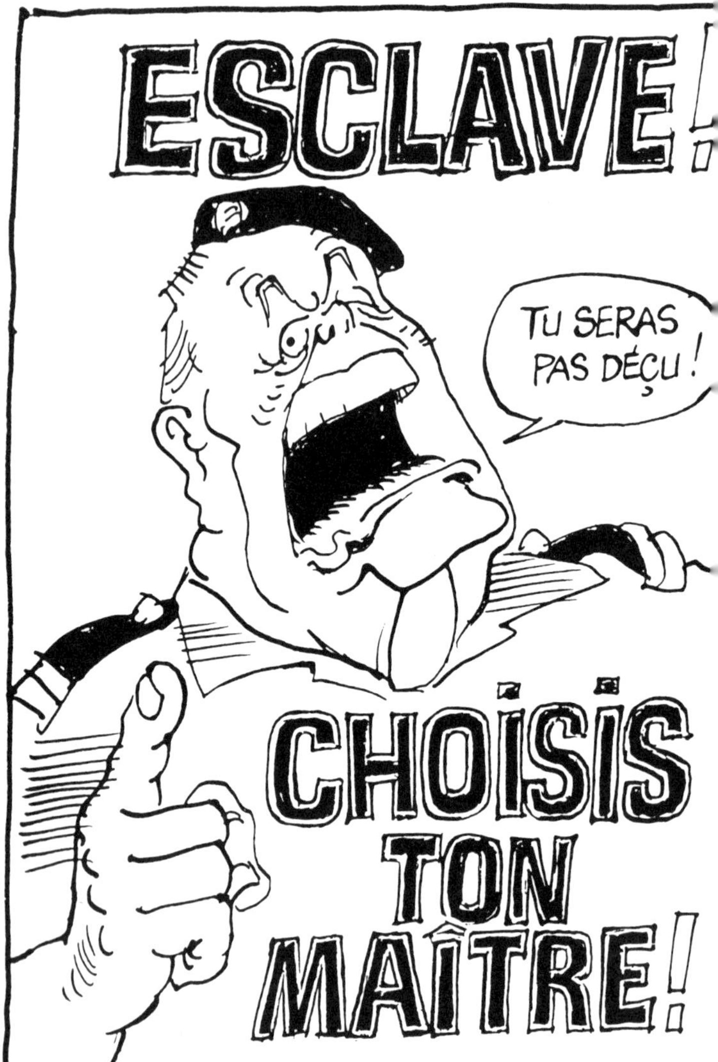
ESCLAVE!
TU SERAS PAS DÉÇU!
CHOISIS TON MAÎTRE!

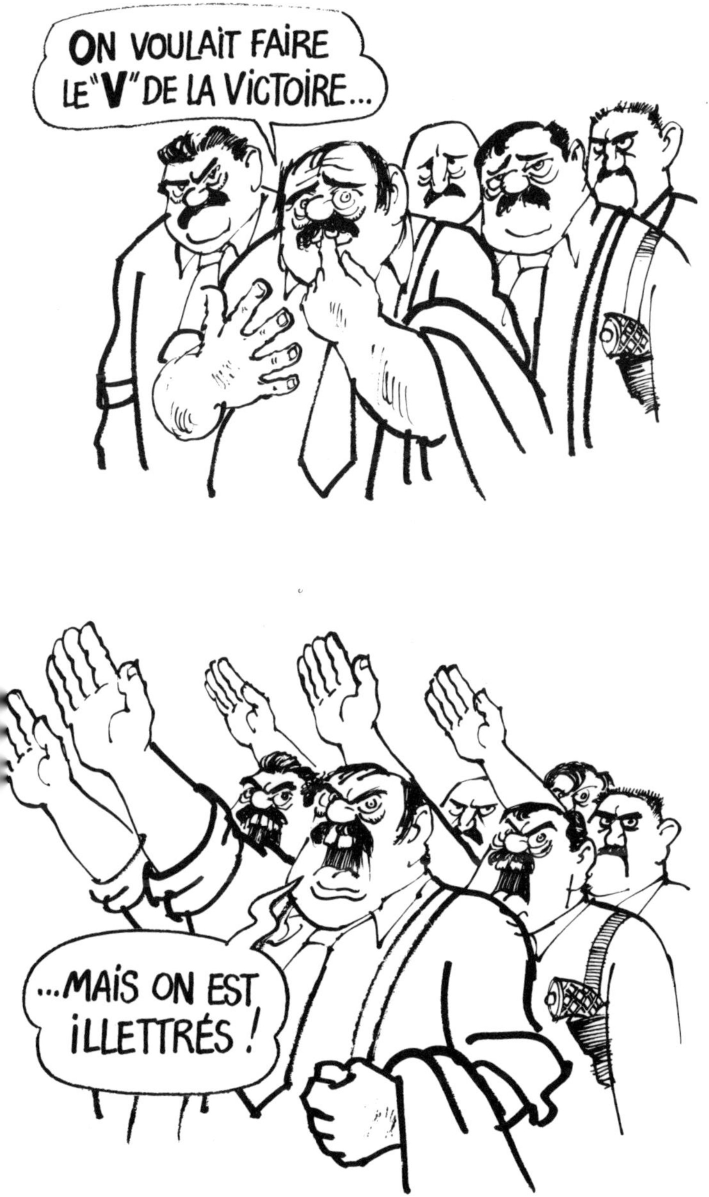
ON VOULAIT FAIRE LE "V" DE LA VICTOIRE...
...MAIS ON EST ILLETTRÉS !

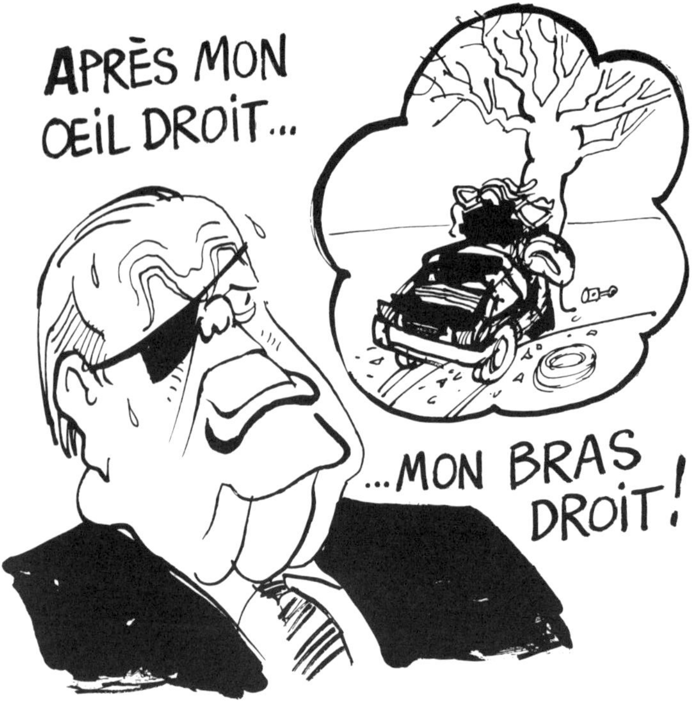

Novembre 88. Jean-Pierre Stirbois se tue dans un accident de voiture.

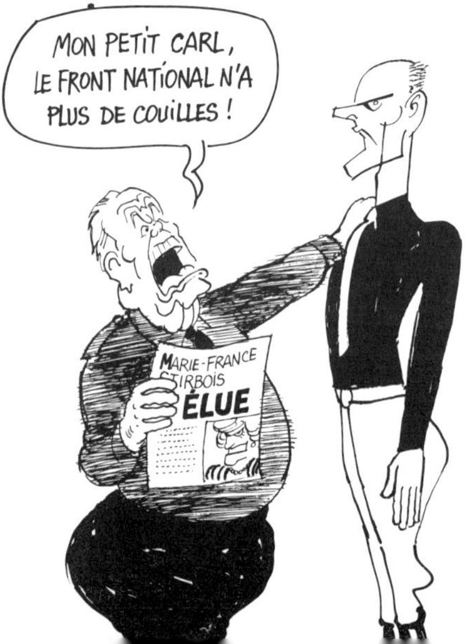

Enfin une femme député(e) du Front National!

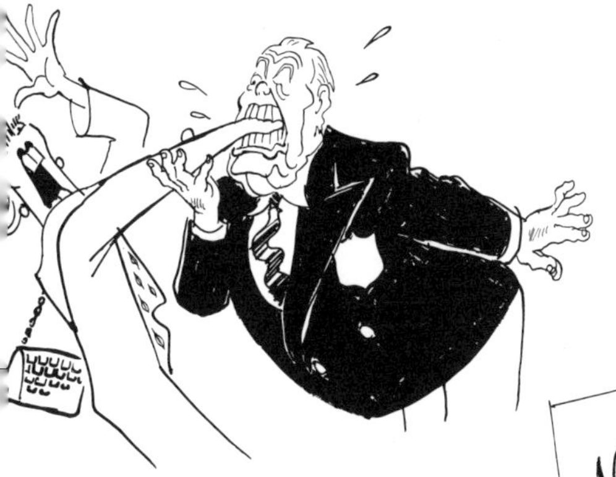

Le Pen apprend les bonnes manières. Première leçon : le baise-main.

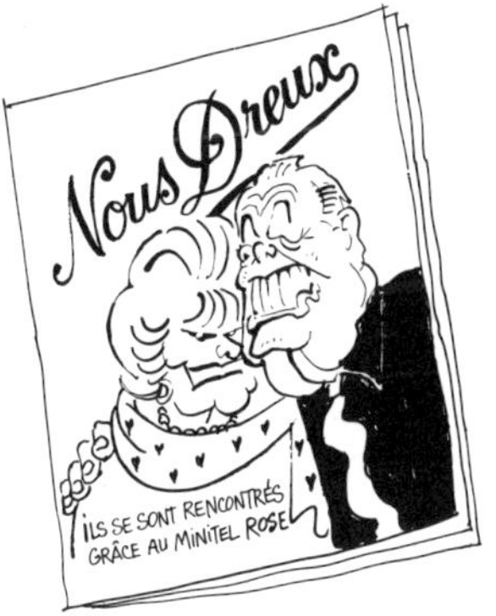

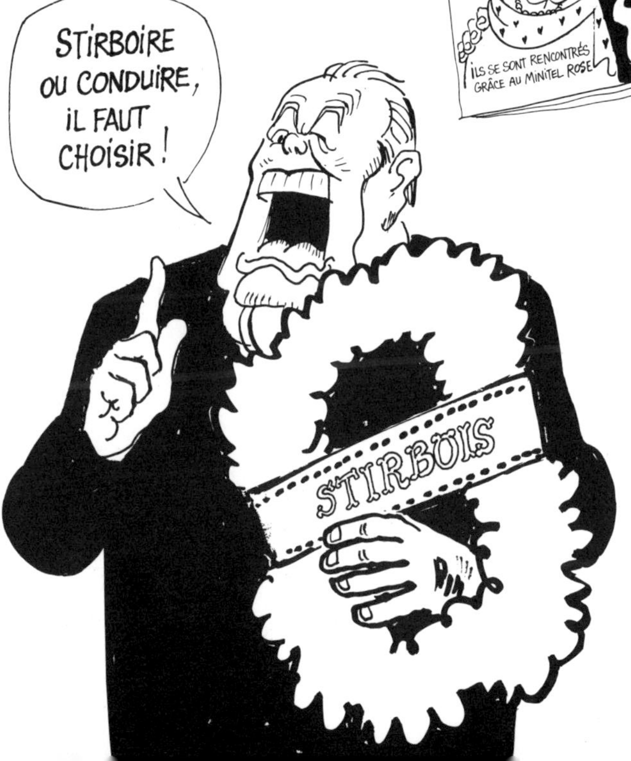

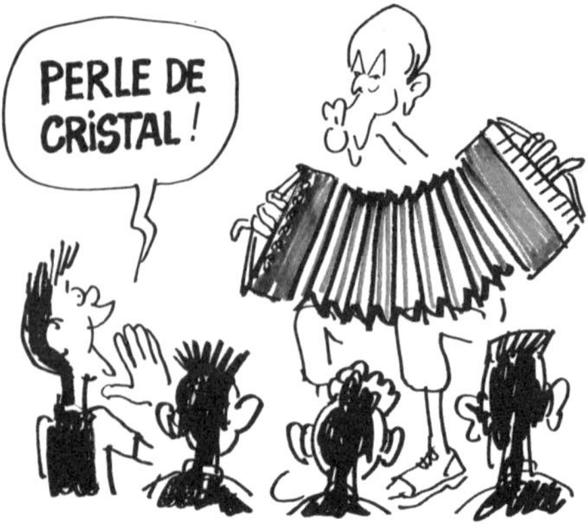

Giscard est-il toujours en prise avec la jeunesse ?

Giscard : "Je ne veux plus être Président de la République."

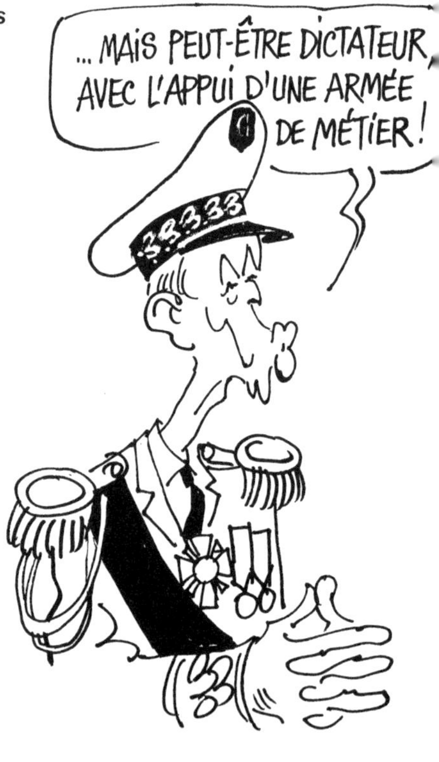

DIEU, SA VIE, SON ŒUVRE

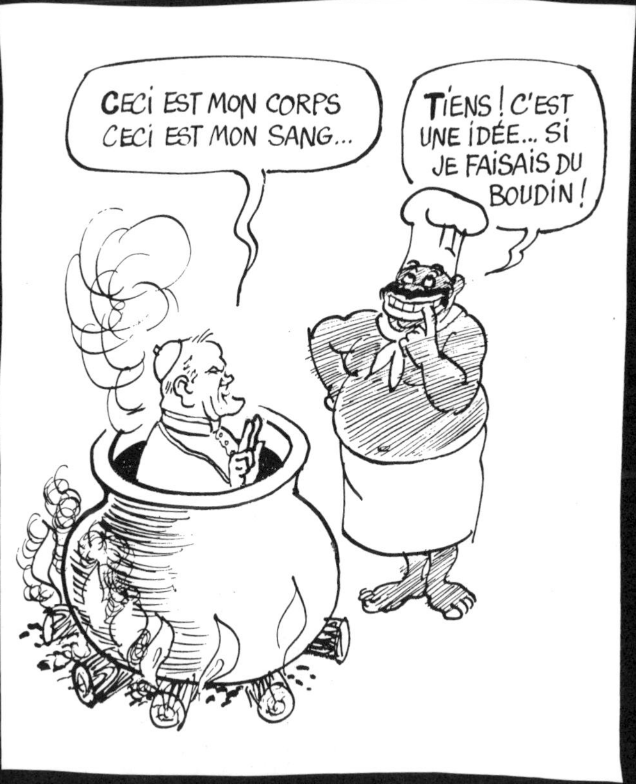

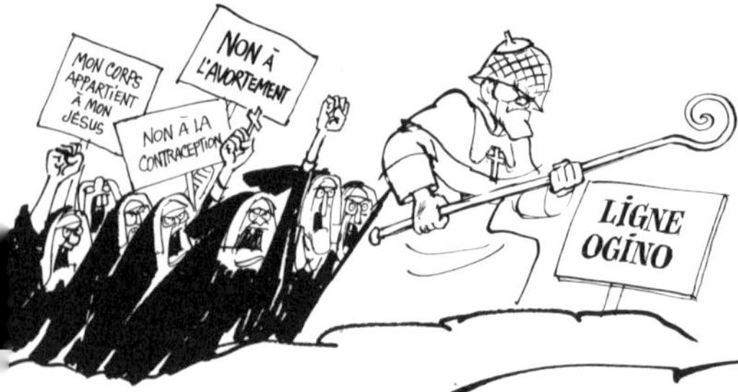

Jean-Paul II, chantre de l'immaculée contraception, fait la tournée des popotins.

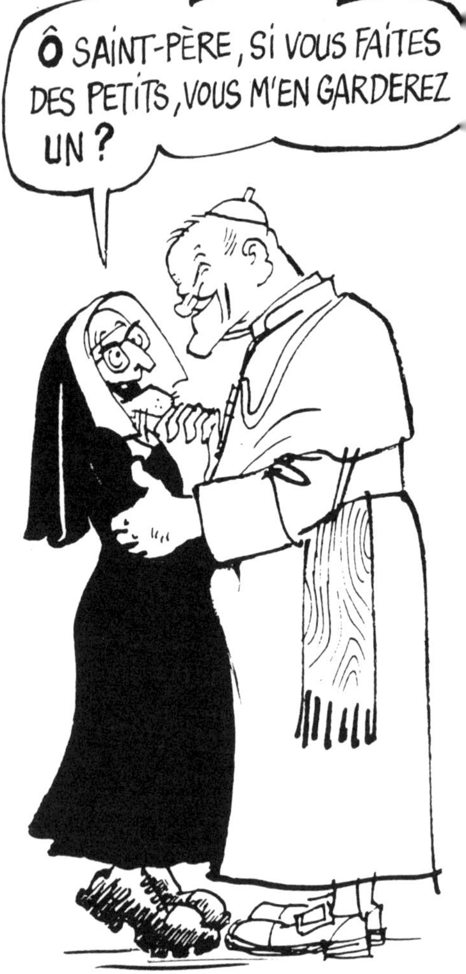

Mère Teresa à fond la caisse pour le mariage des prêtres.

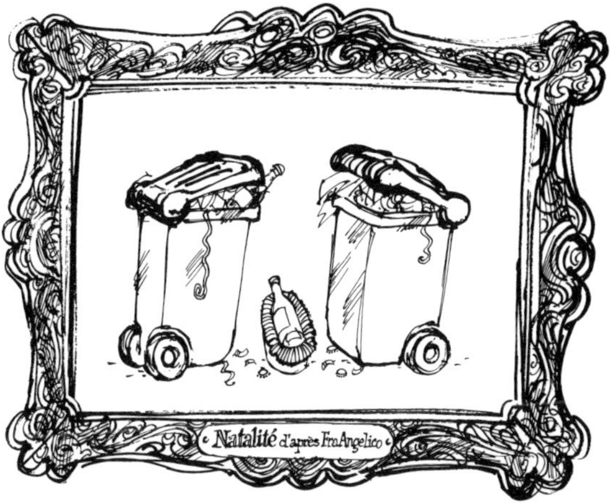

En hommage aux nouveaux pauvres... la nouvelle crèche !

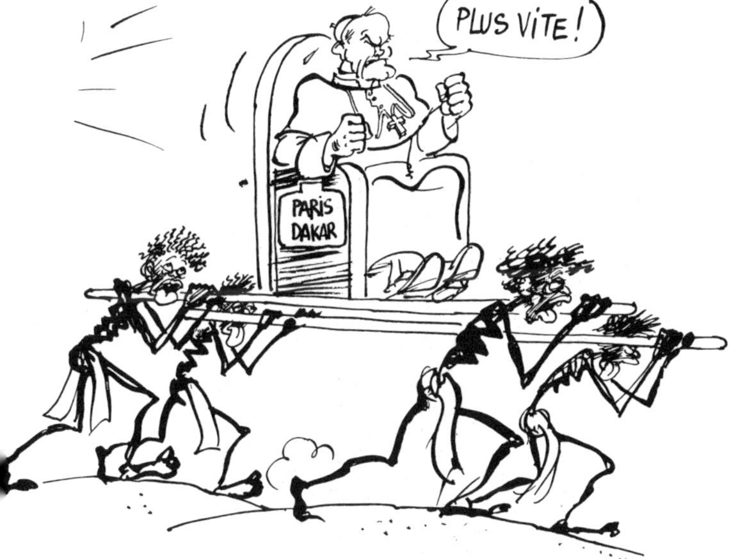

Encore une vedette du show-biz au départ du Paris-Dakar !

Les bonnes sœurs du Carmel d'Auschwitz manifestent pour la sauvegarde de l'outil de travail.

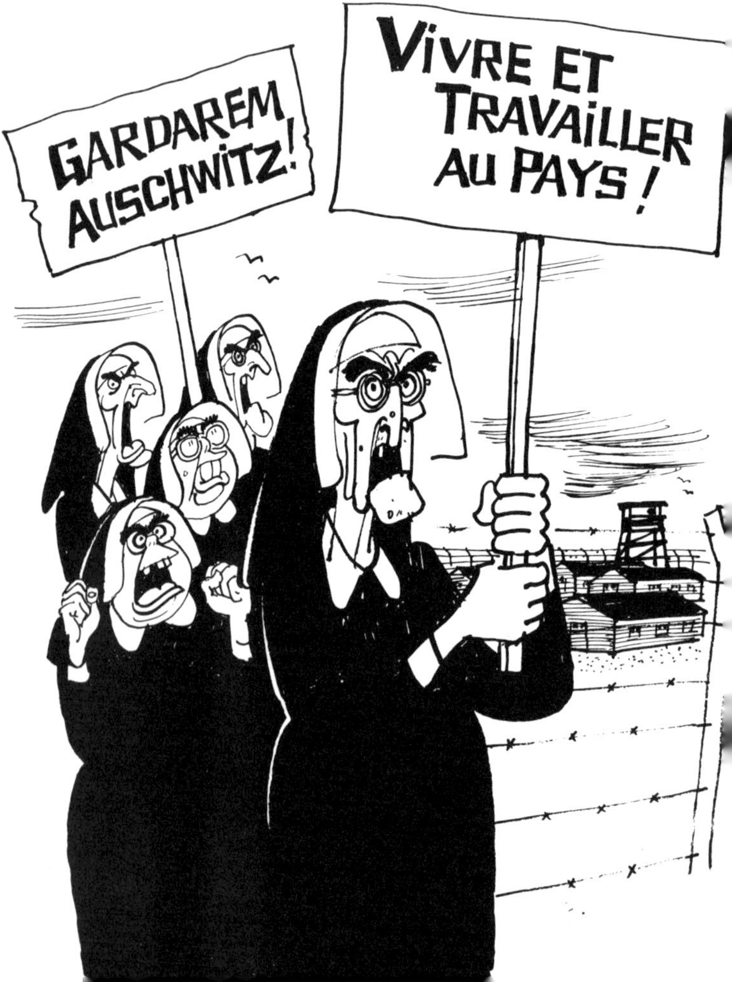

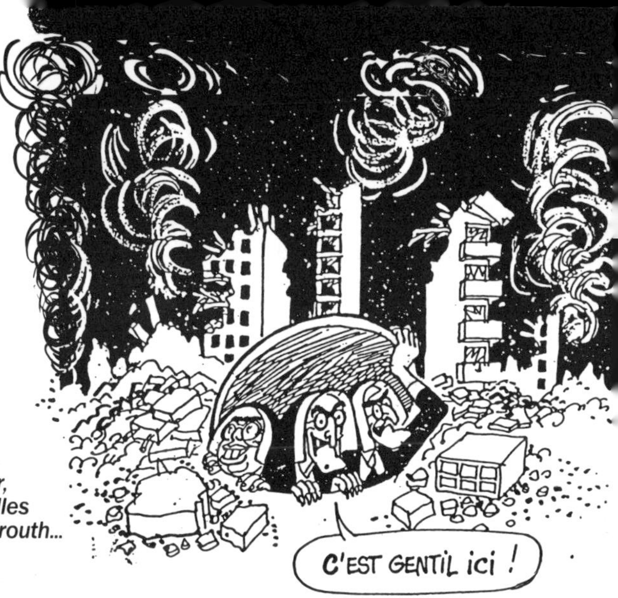

Si on arrive
à les chasser,
trouveront-elles
refuge à Beyrouth...

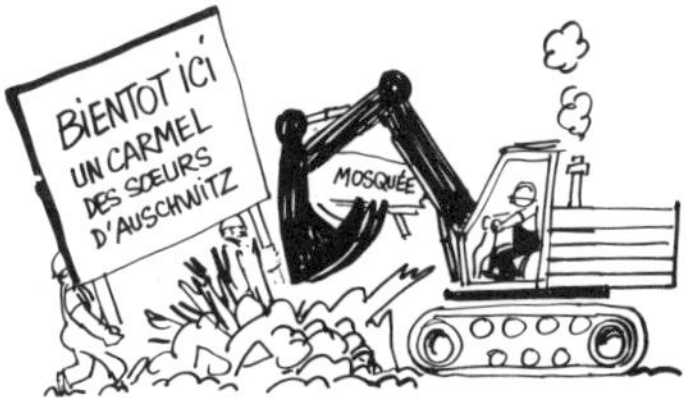

... ou en France ?

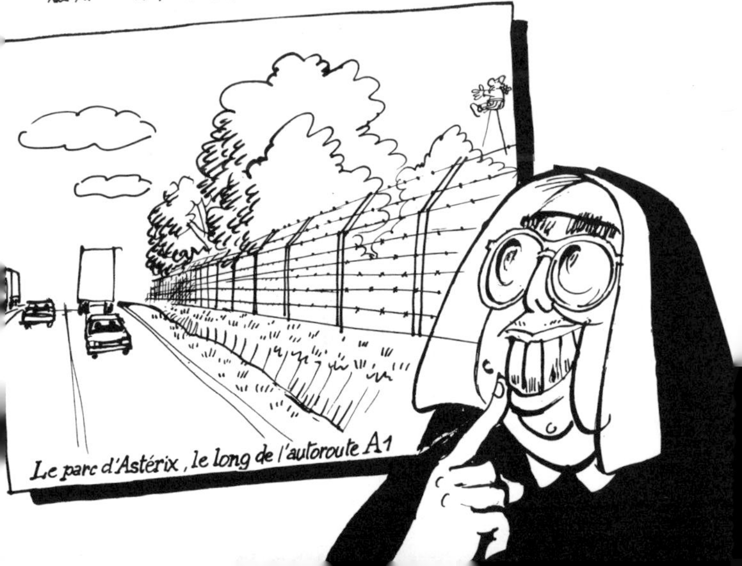

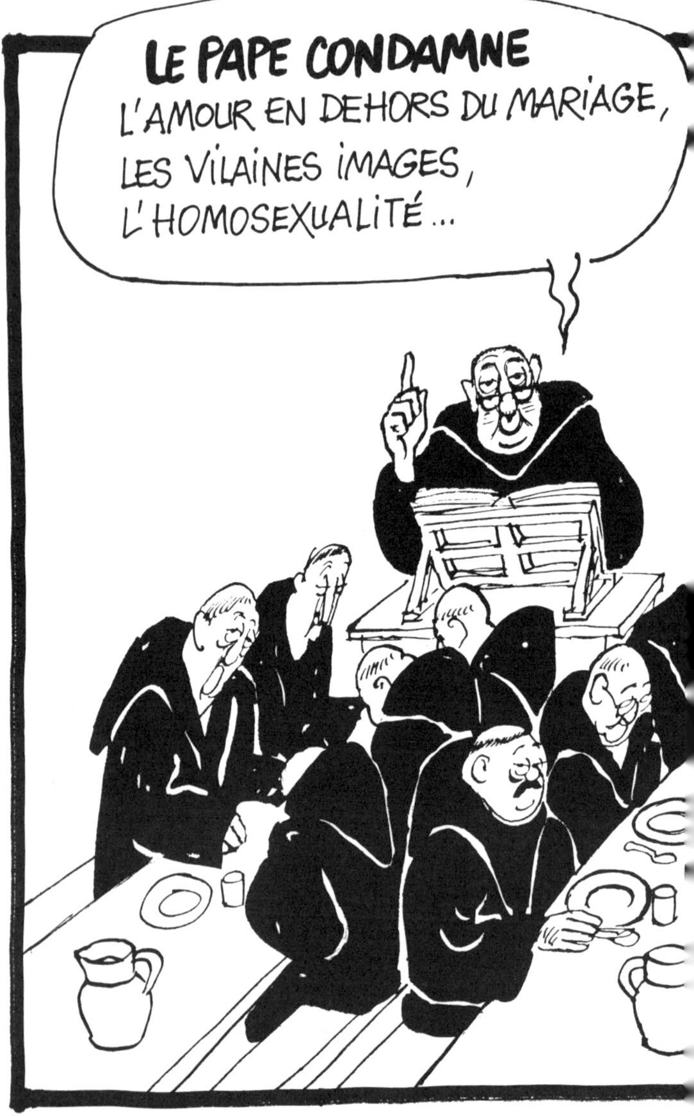
LE PAPE CONDAMNE
L'AMOUR EN DEHORS DU MARIAGE,
LES VILAINES IMAGES,
L'HOMOSEXUALITÉ...

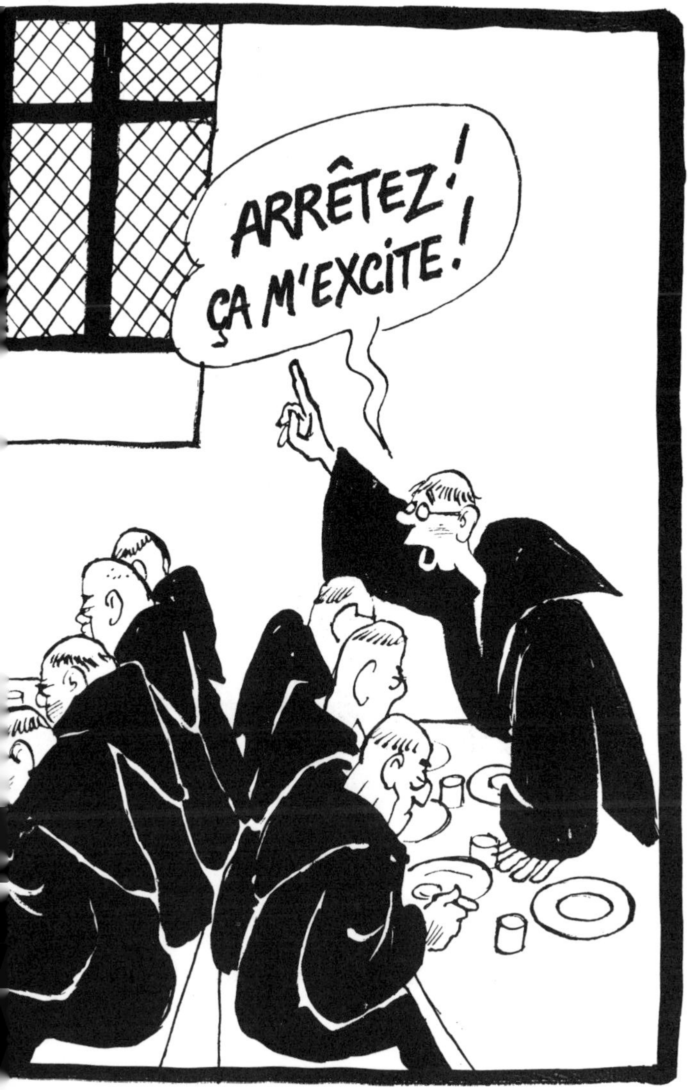
ARRÊTEZ ! ÇA M'EXCITE !

Révélations exclusives sur l'étrange mort de Jean-Paul Ier.

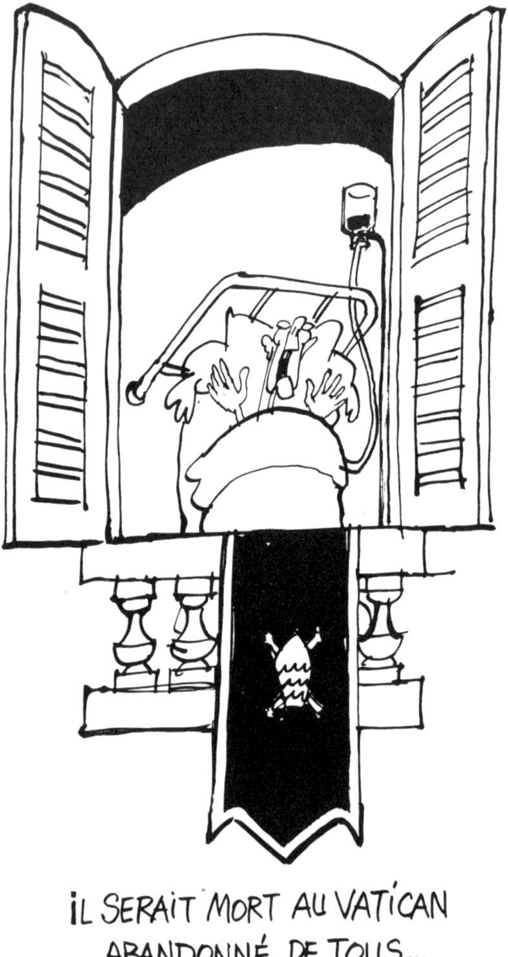

IL SERAIT MORT AU VATICAN
ABANDONNÉ DE TOUS...

ALLAH & CIE

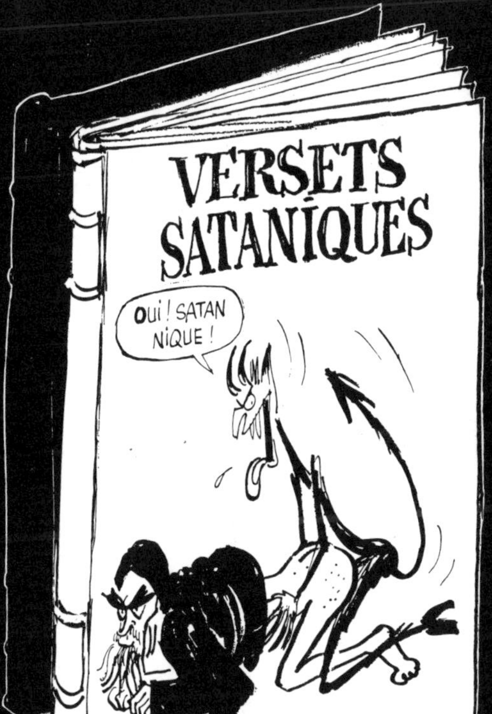

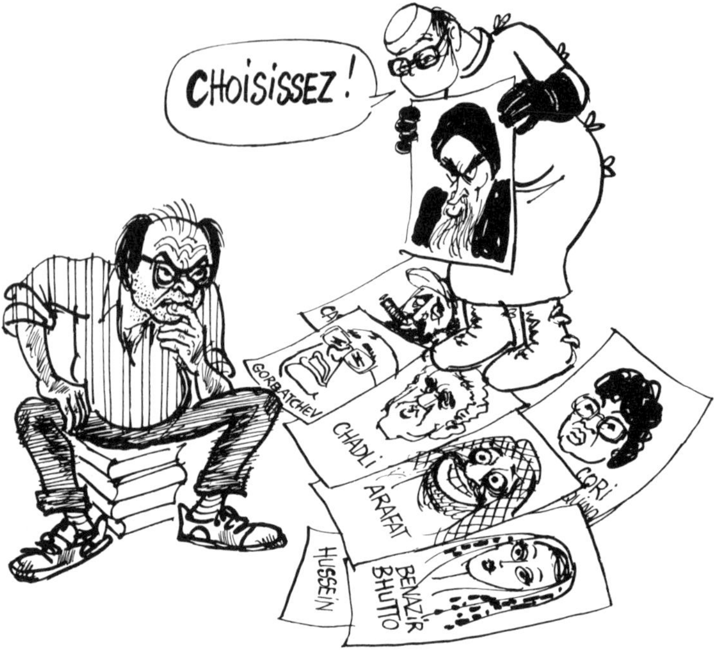

Rusdhie obligé de se refaire le portrait.

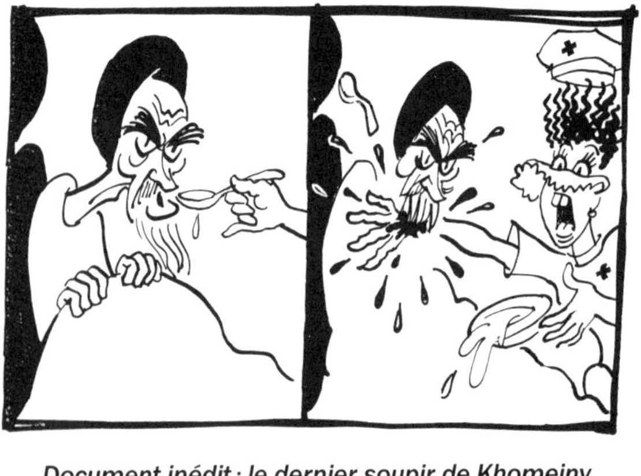

Document inédit : le dernier soupir de Khomeiny.

s historiens découvrent enfin l'horrible vérité :

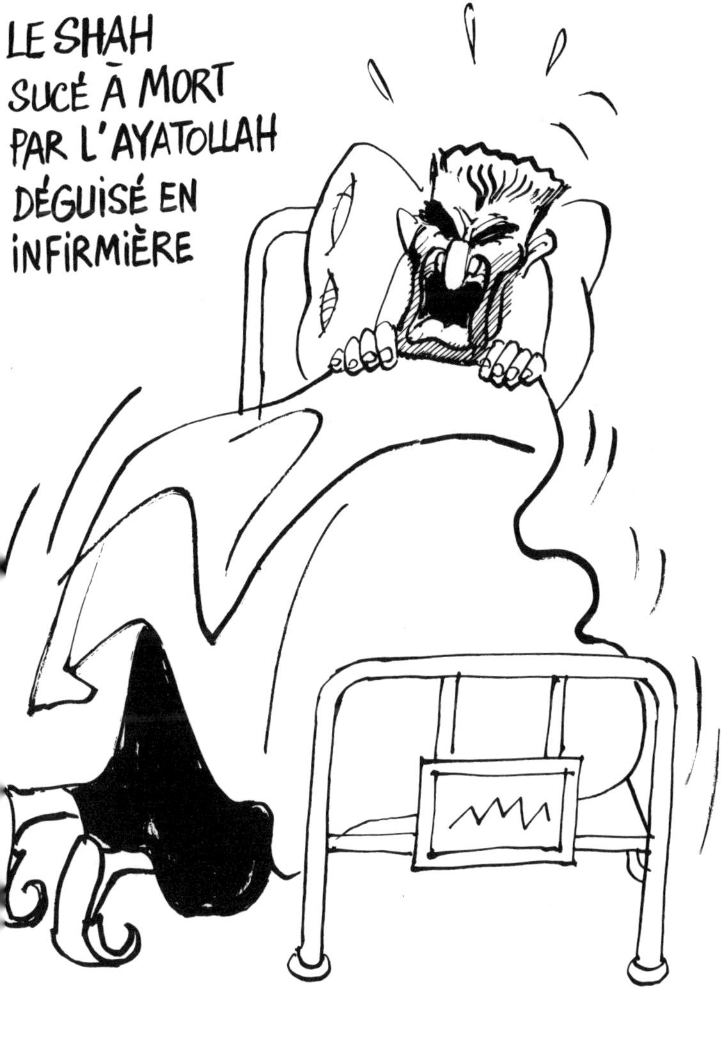

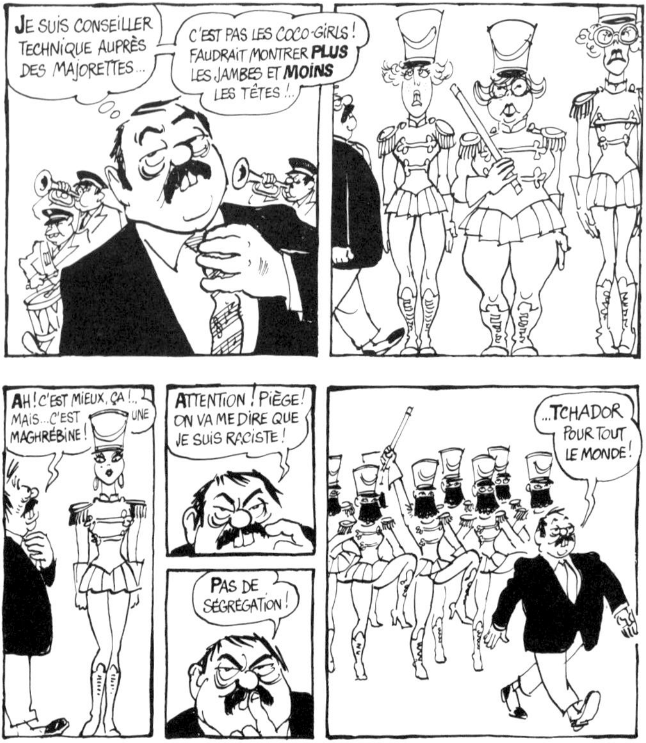

Encore une idée géniale de Jean-Paul Goude...

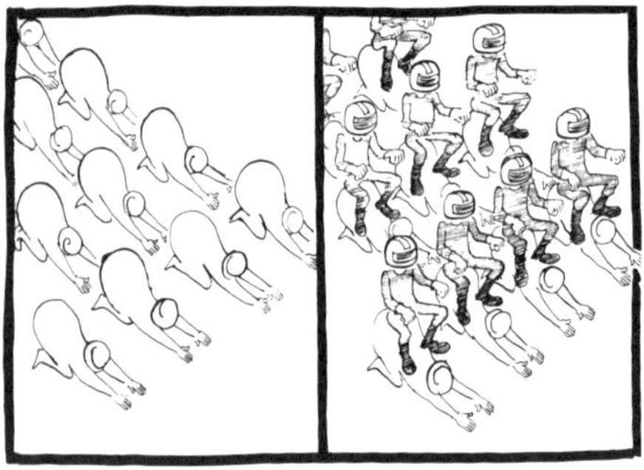

... transformer nos Musulmans en motos-crottes.

Plus chic que le foulard :

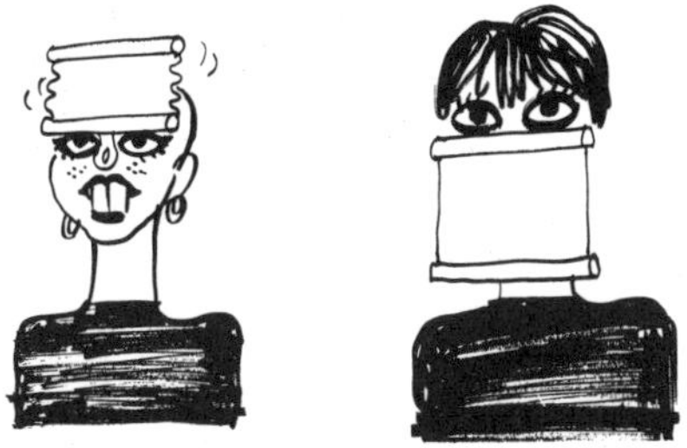

le store islamique de Paco Rabanne.

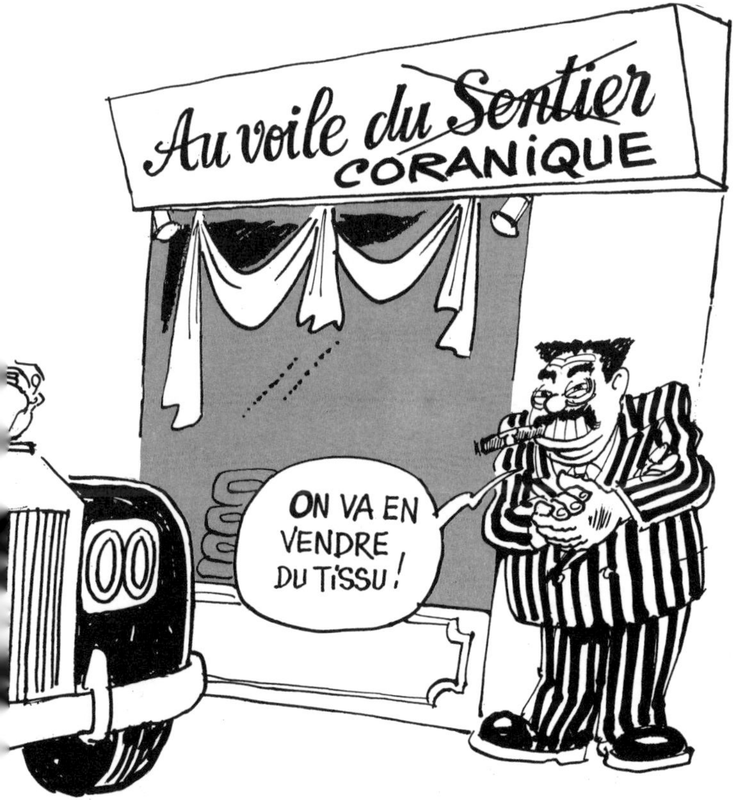

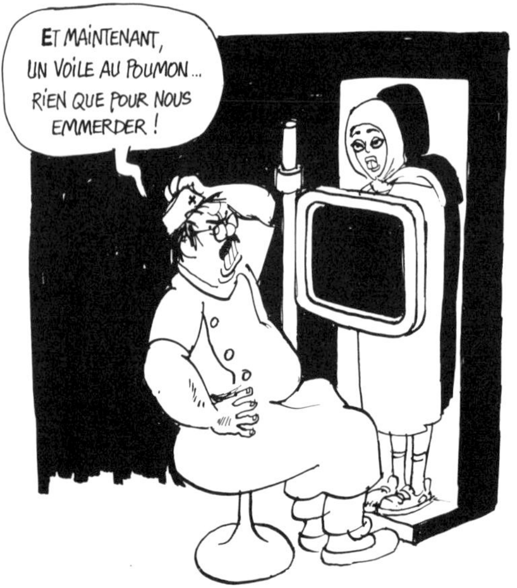
ET MAINTENANT, UN VOILE AU POUMON... RIEN QUE POUR NOUS EMMERDER !

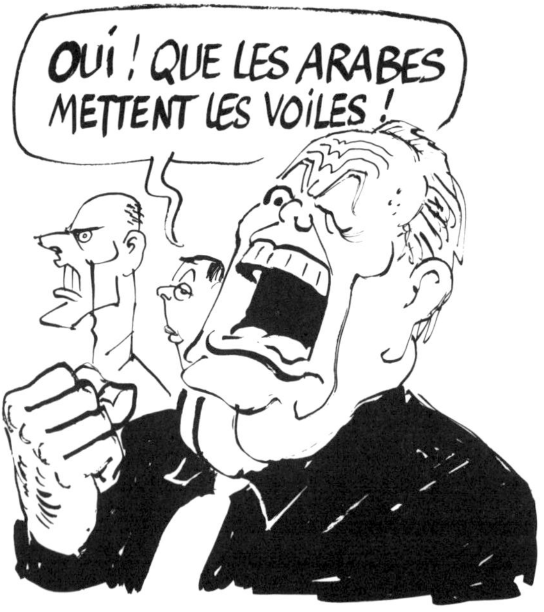
OUI ! QUE LES ARABES METTENT LES VOILES !

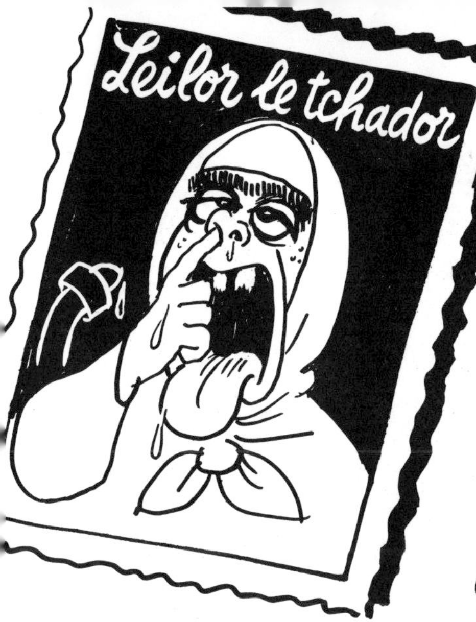

A découper :
un nouveau Crados.

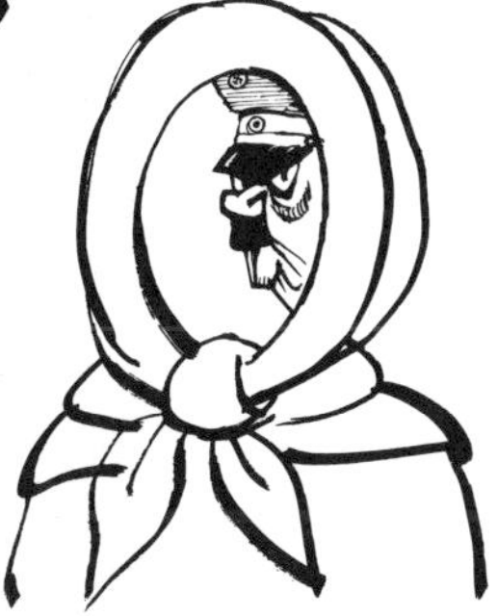

Même le Front National
avance voilé.

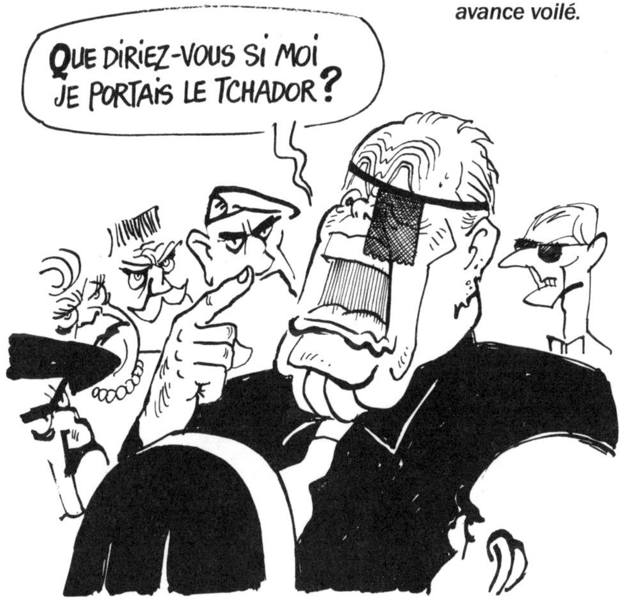

L'après Khomeiny.

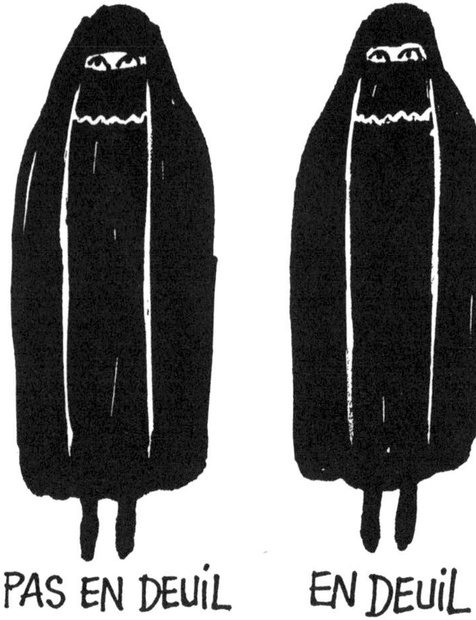

Les Français divisés sur la question du voile.

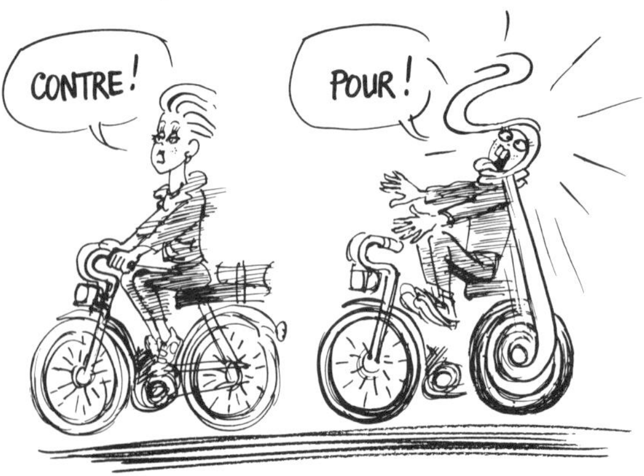

MORTS AUX PAUVRES !

L'affiche "scandaleuse" de Benetton :
telle qu'elle est...

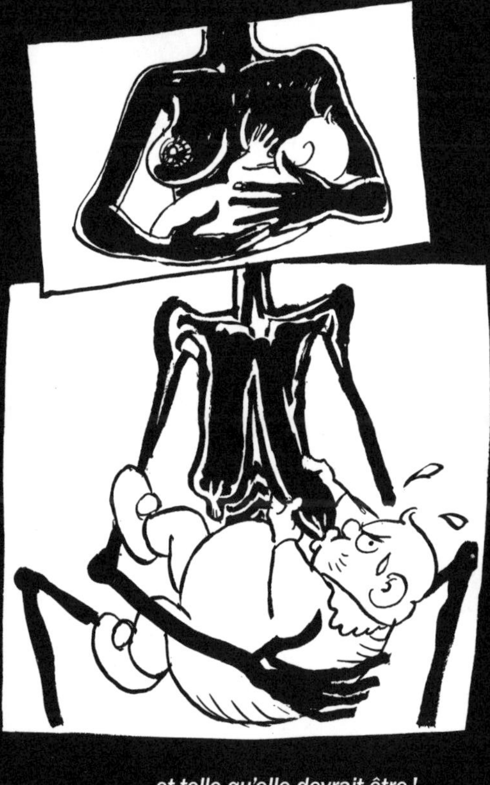

... et telle qu'elle devrait être !

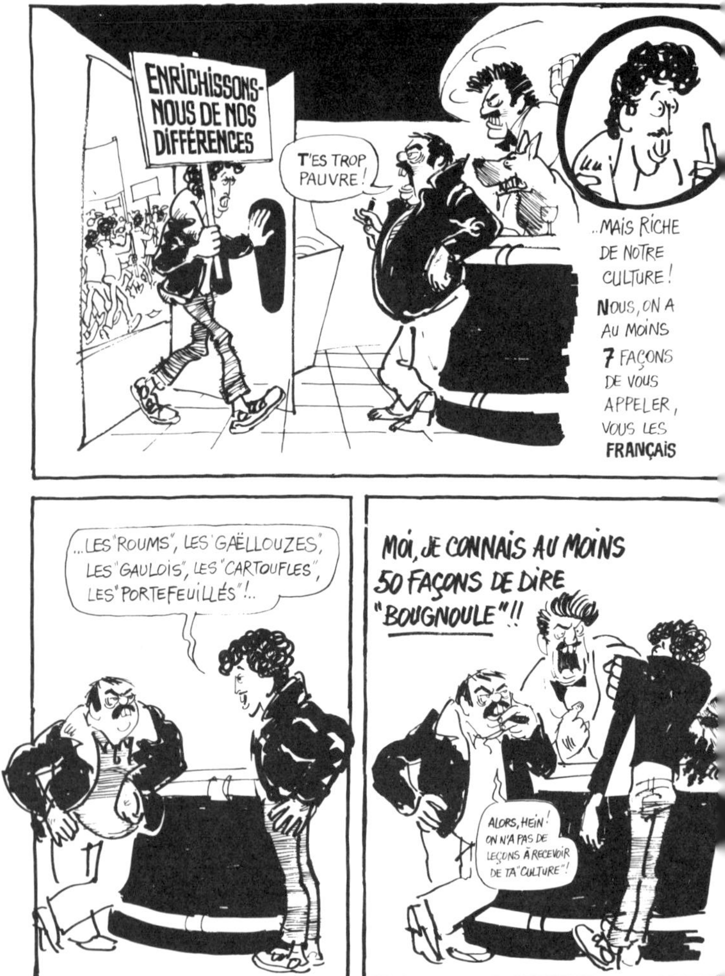
ENRICHISSONS-NOUS DE NOS DIFFÉRENCES
T'ES TROP PAUVRE !
..MAIS RICHE DE NOTRE CULTURE ! NOUS, ON A AU MOINS 7 FAÇONS DE VOUS APPELER, VOUS LES FRANÇAIS
...LES "ROUMS", LES "GAËLLOUZES", LES "GAULOIS", LES "CARTOUFLES", LES "PORTEFEUILLÉS" !..
MOI, JE CONNAIS AU MOINS 50 FAÇONS DE DIRE "BOUGNOULE" !!
ALORS, HEIN ! ON N'A PAS DE LEÇONS À RECEVOIR DE TA "CULTURE" !

Le Pen se penche avec amour sur le sort des Algériens victimes de la pénurie alimentaire.

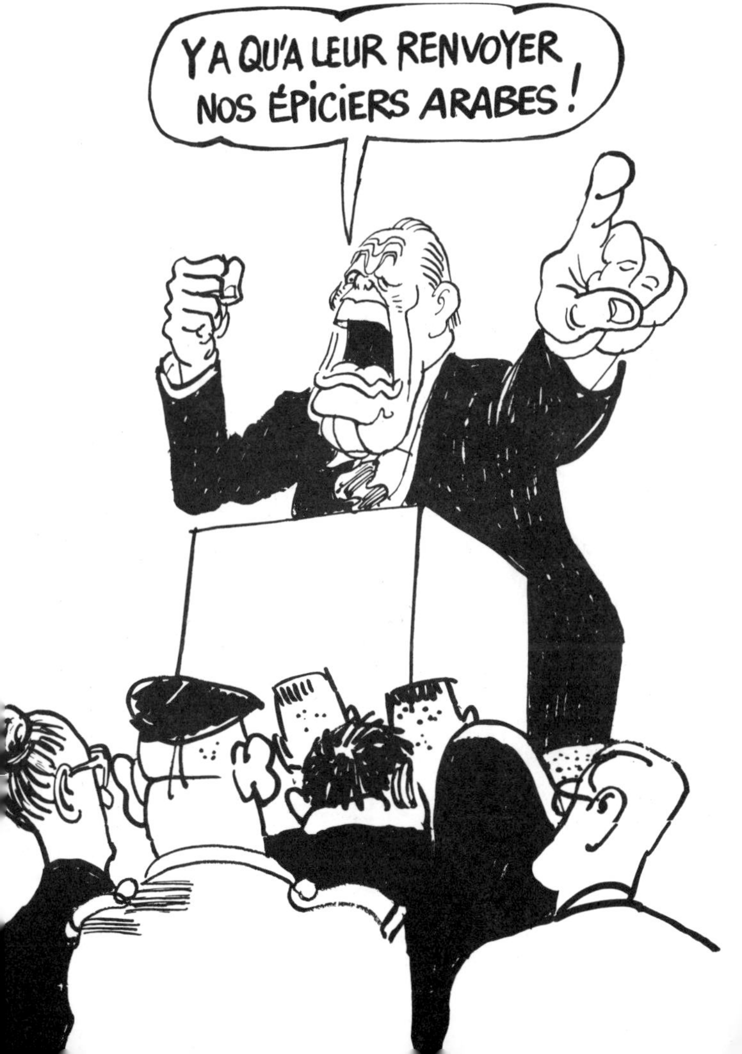

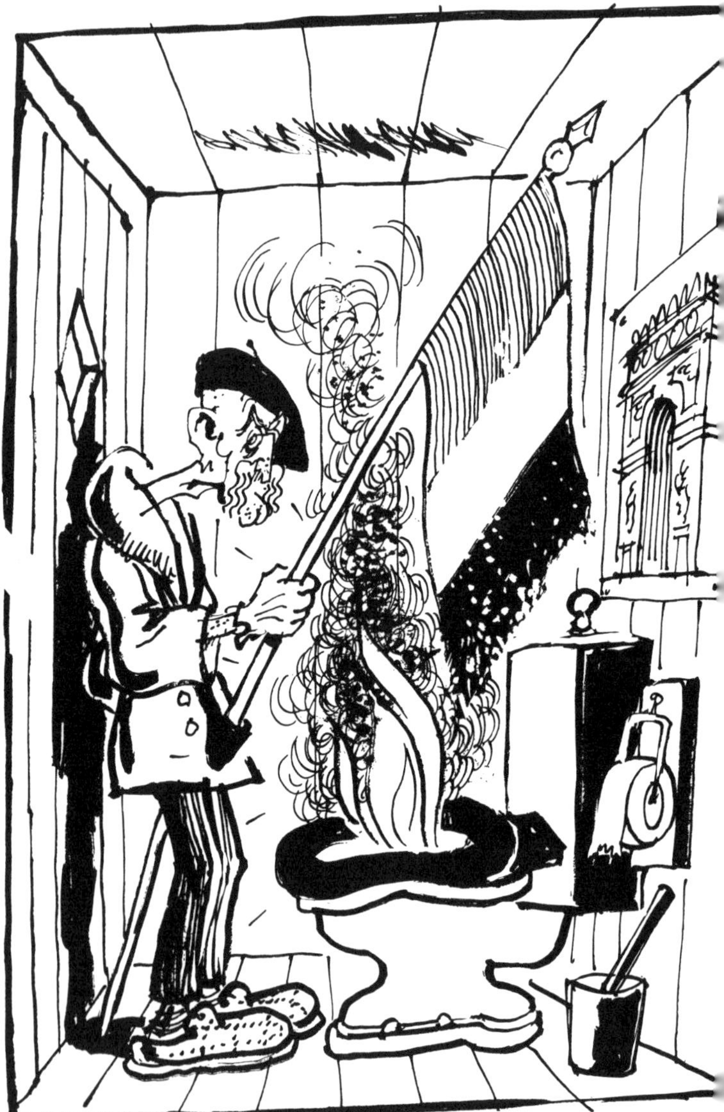

Un beau geste humanitaire en faveur des anciens combattants invalide
désormais, ils auront le droit de ranimer la flamme chez eux.

ntégration des immigrés
se de moins en moins
problèmes
fil du temps.

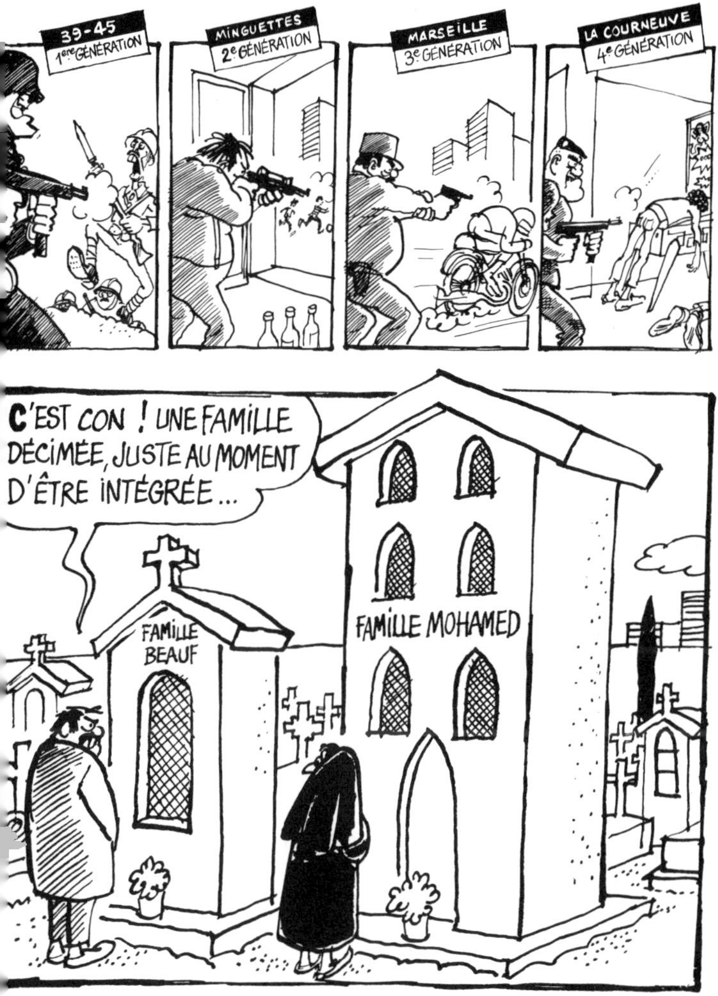

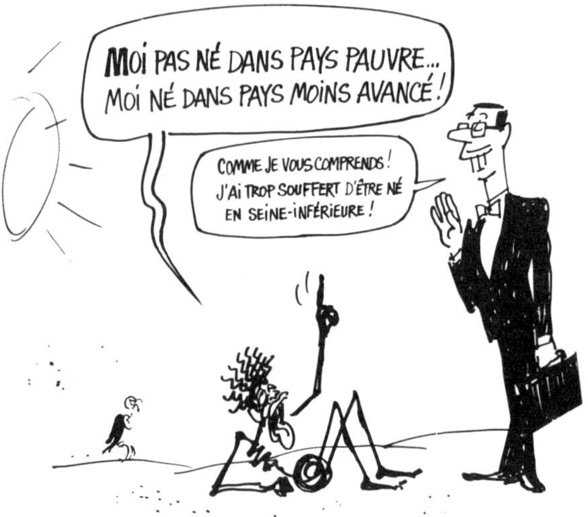
MOi PAS NÉ DANS PAYS PAUVRE...
MOi NÉ DANS PAYS MOINS AVANCÉ !
COMME JE VOUS COMPRENDS ! J'Ai TROP SOUFFERT D'ÊTRE NÉ EN SEINE-INFÉRIEURE !

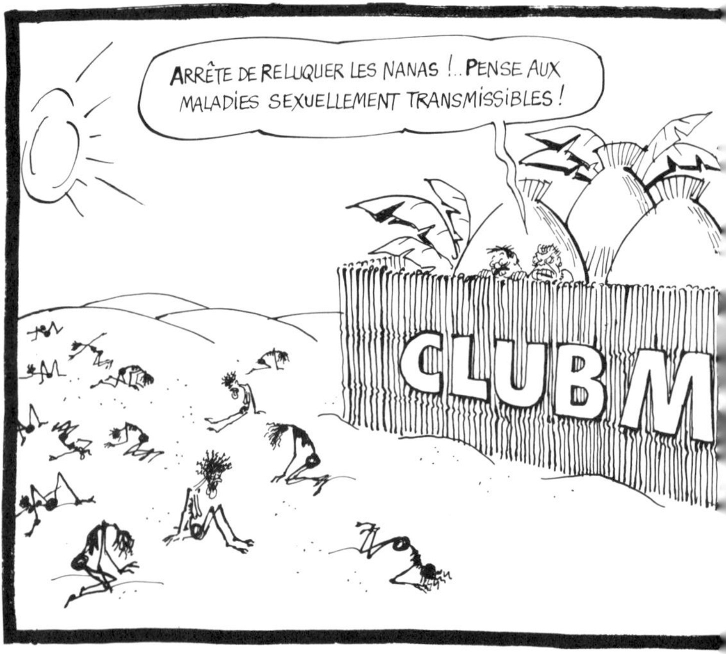
ARRÊTE DE RELUQUER LES NANAS !.. PENSE AUX MALADIES SEXUELLEMENT TRANSMISSIBLES !
CLUB M

Grâce aux "petits boulots", tout le monde peut se sortir de la misère.

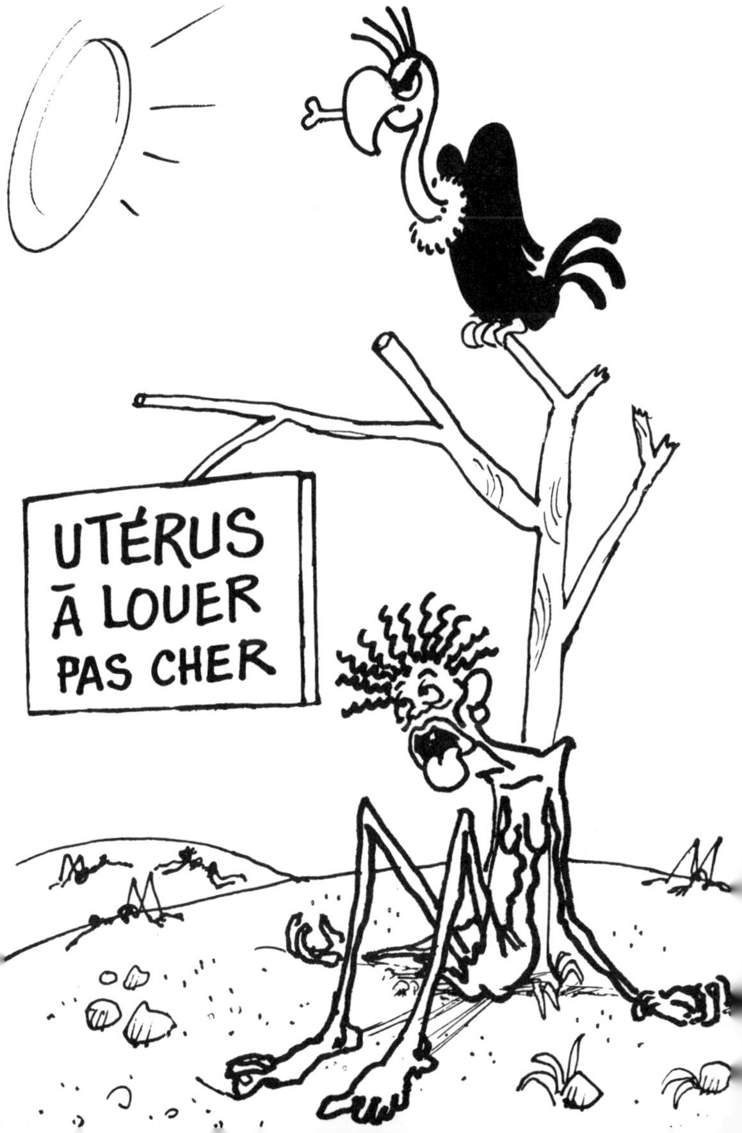

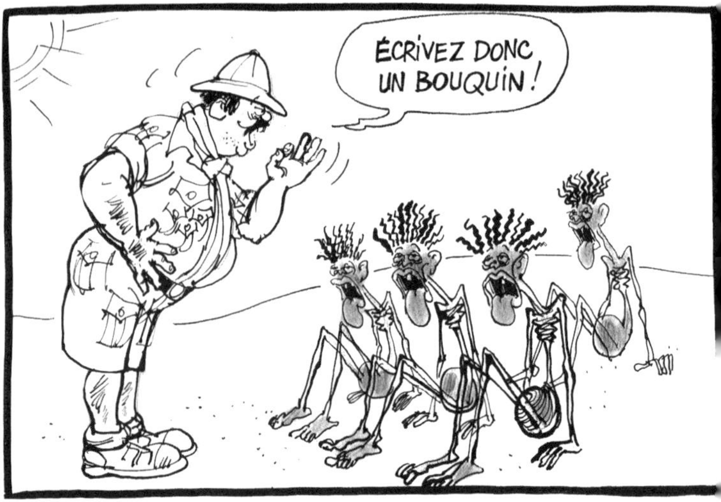

Pour les aider, la culture, le sport et la tendresse.

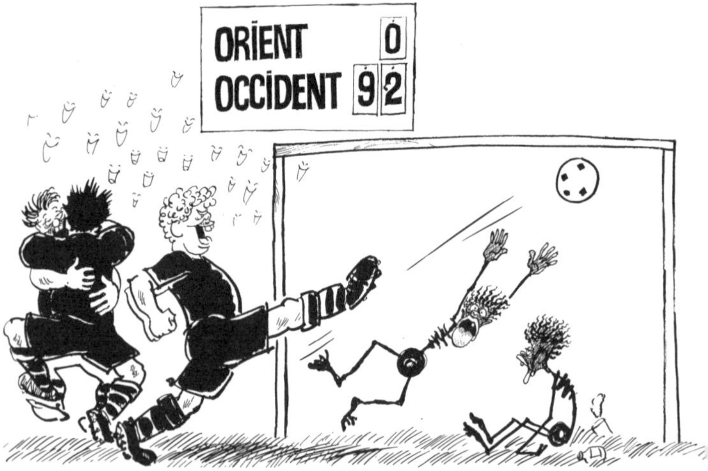

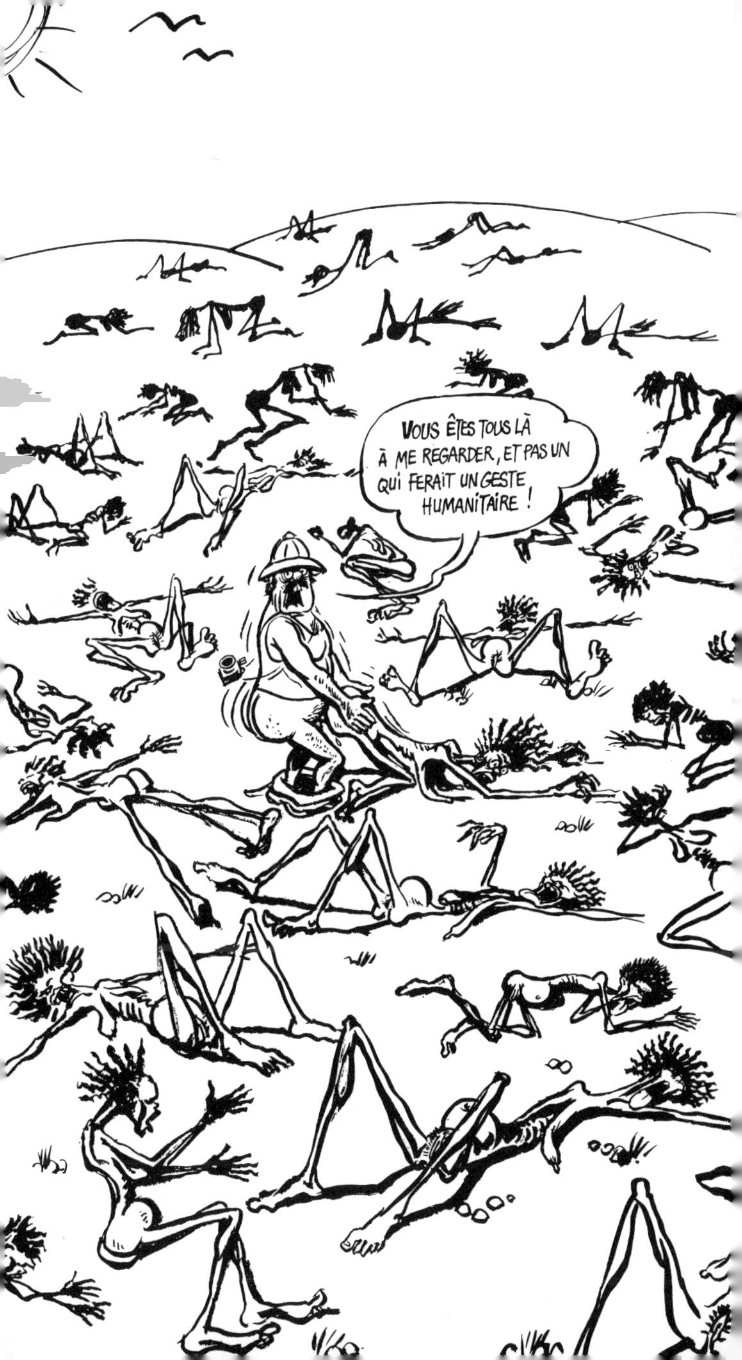
VOUS ÊTES TOUS LÀ
À ME REGARDER, ET PAS UN
QUI FERAIT UN GESTE
HUMANITAIRE !

Les coopérants français au secours de ceux qui ont faim.

Au siècle dernier...

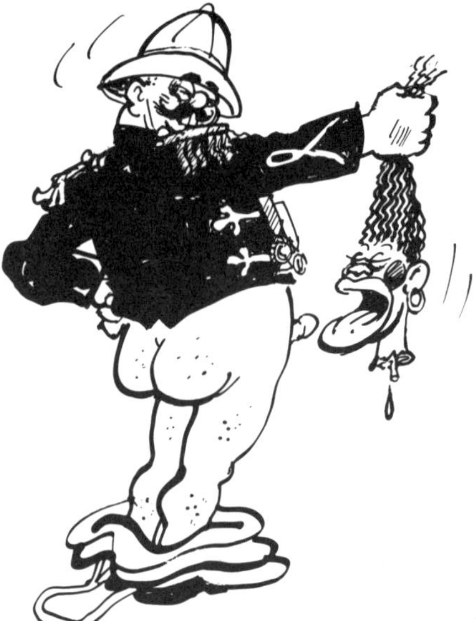

...et de nos jours !

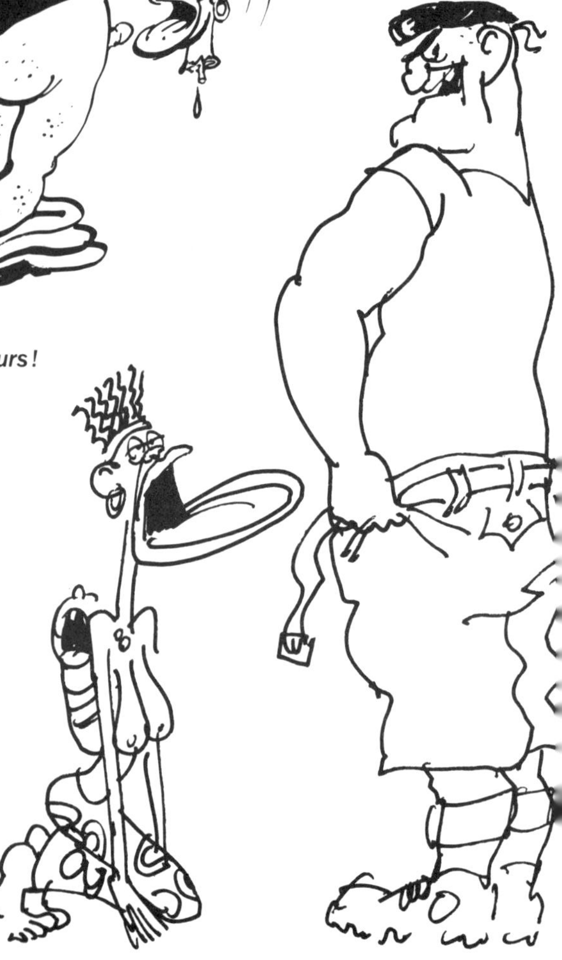

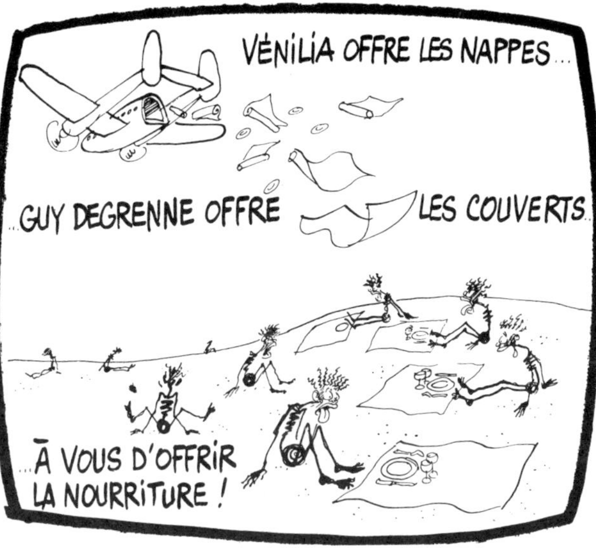

Un terrible drame qui nous interpelle tous quelque part.

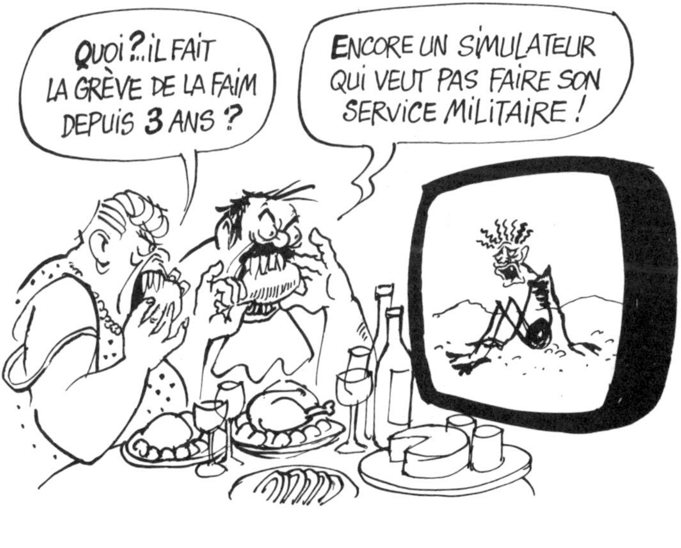

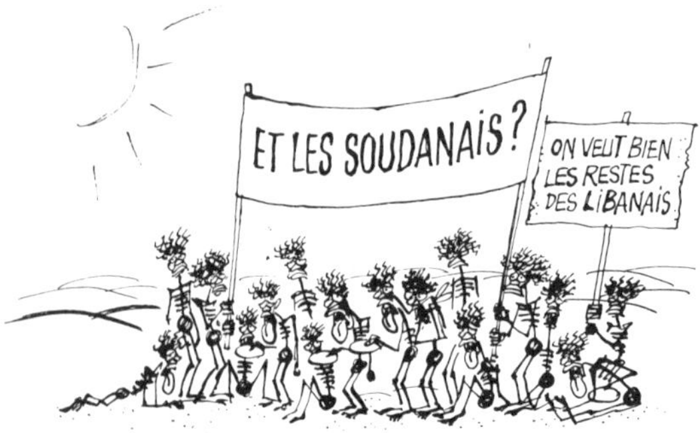
ET LES SOUDANAIS ?
ON VEUT BIEN LES RESTES DES LIBANAIS

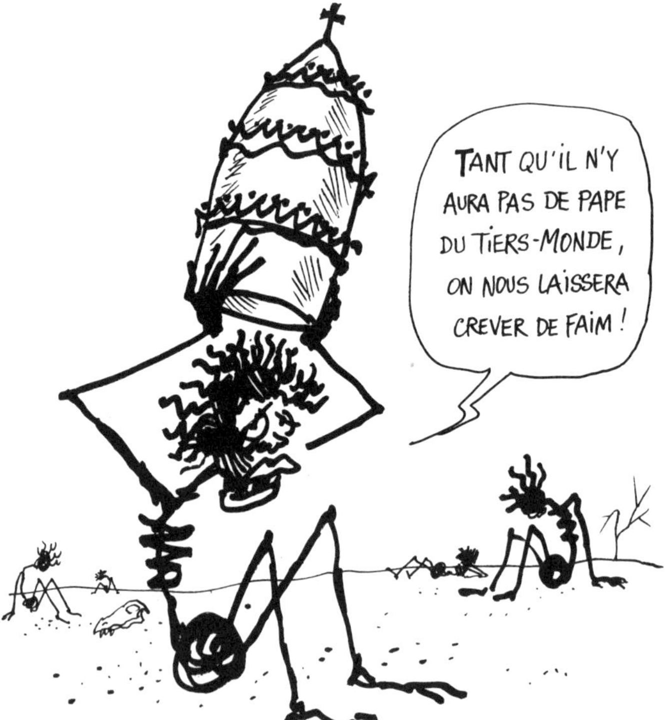
TANT QU'IL N'Y AURA PAS DE PAPE DU TIERS-MONDE, ON NOUS LAISSERA CREVER DE FAIM !

CATASTROPHES !

Septembre 89. Un D.C. 10 s'écrase dans le Ténéré : 171 morts.

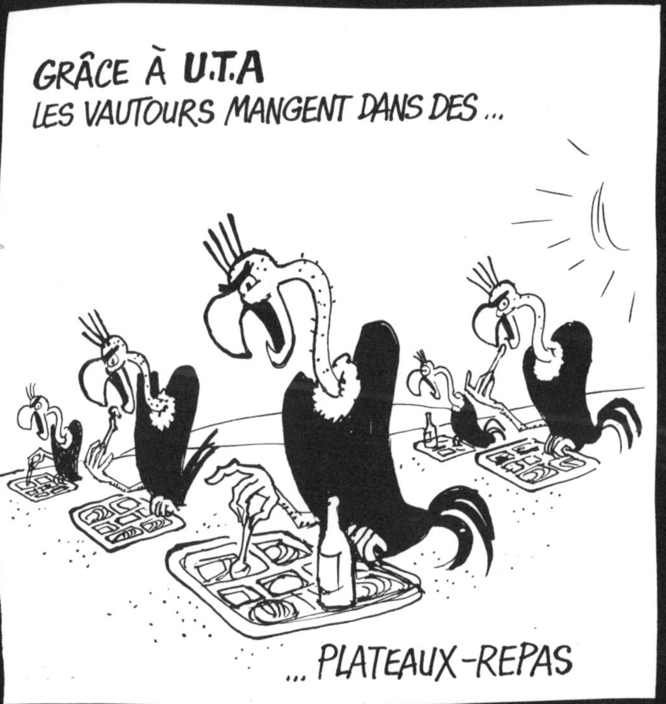

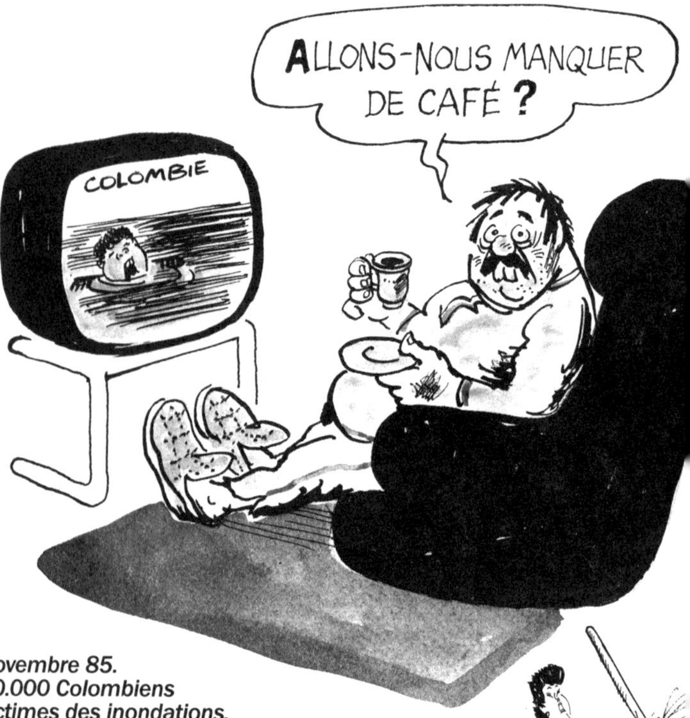

Novembre 85.
30.000 Colombiens
victimes des inondations.
La petite Omayra meurt noyée
en direct sur les télévisions du monde entier.

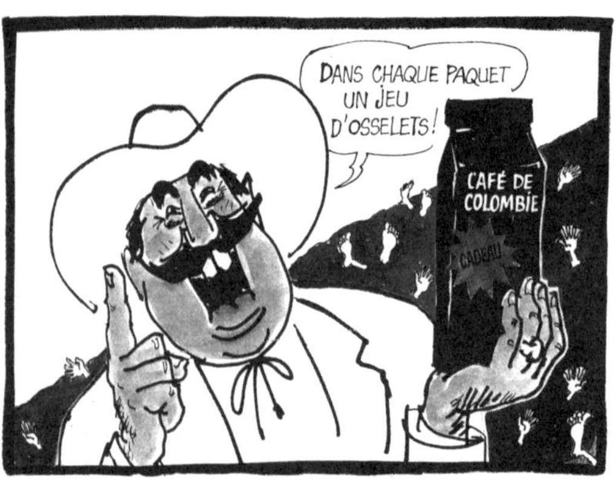

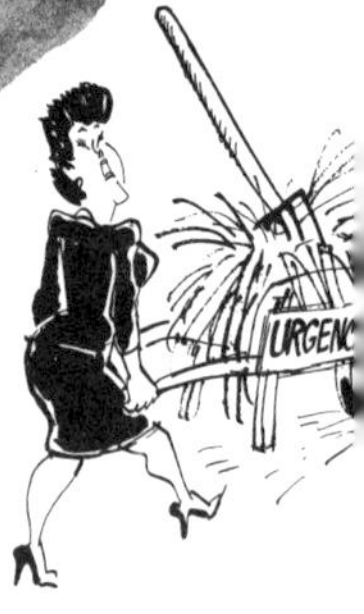

Rika Zaraï
au secours
des victimes
de catastrophes.

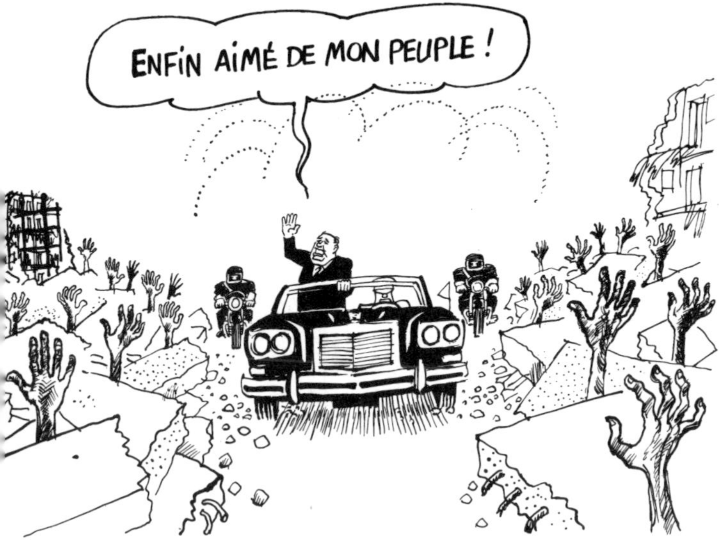

Décembre 88. L'Arménie victime d'un tremblement de terre : 25.000 morts, 120.000 blessés et 500.000 sans-abri.

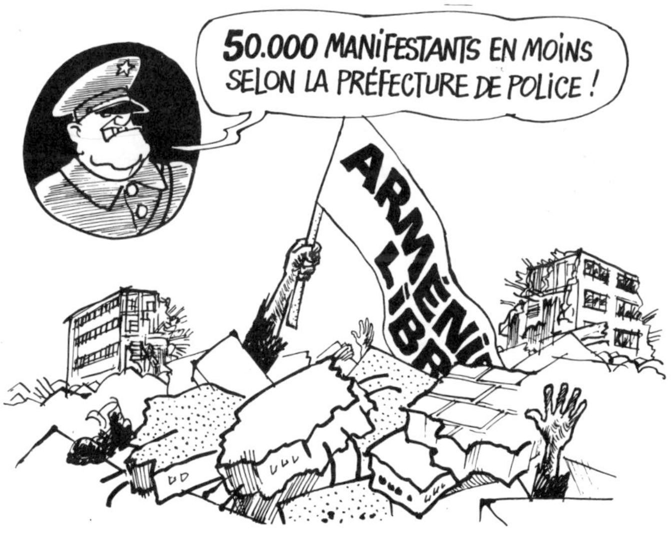

Après la Pyramide du Louvre, l'Arche de la Défense et l'Opéra Bastille, un nouveau monument à la gloire de la France.

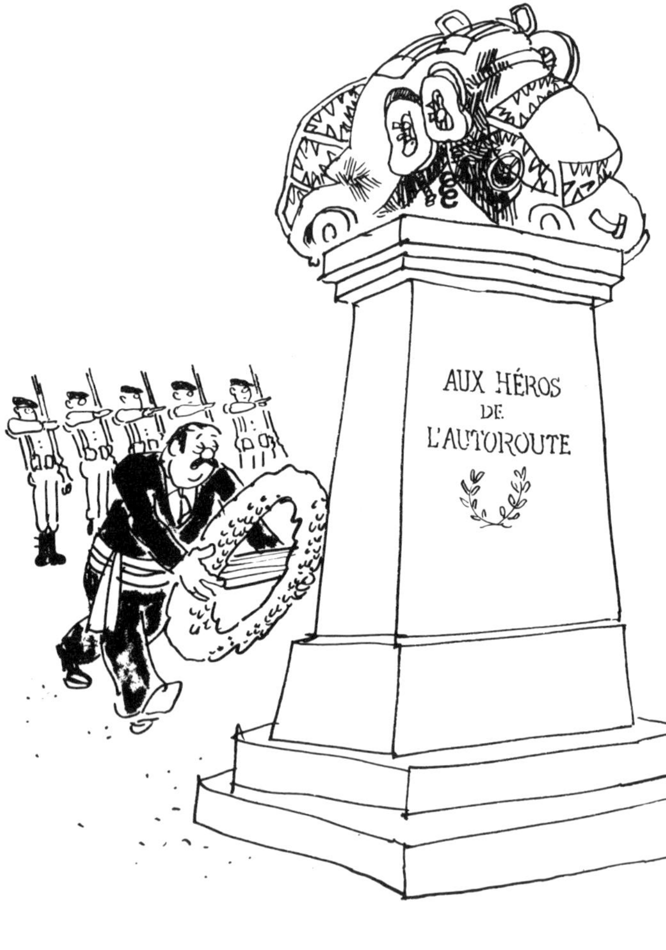

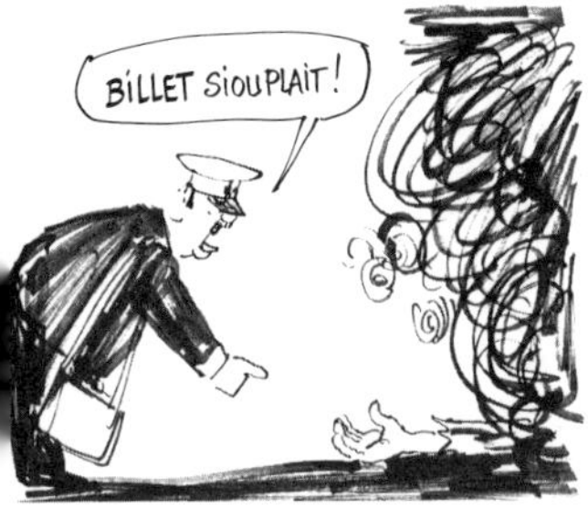

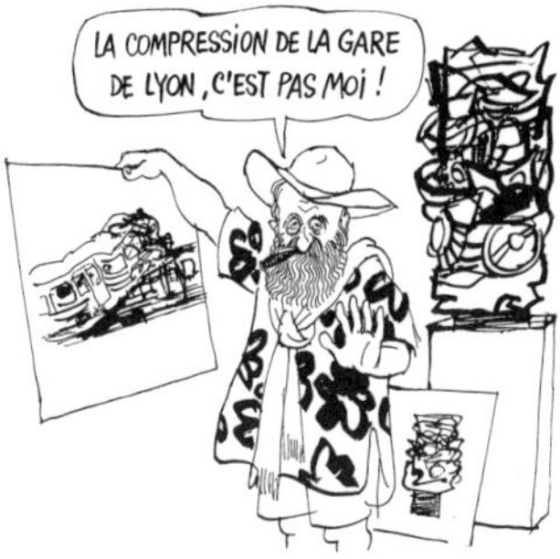

Juin 88. Deux trains entrent en collision à la gare de Lyon : 59 morts et 39 blessés.

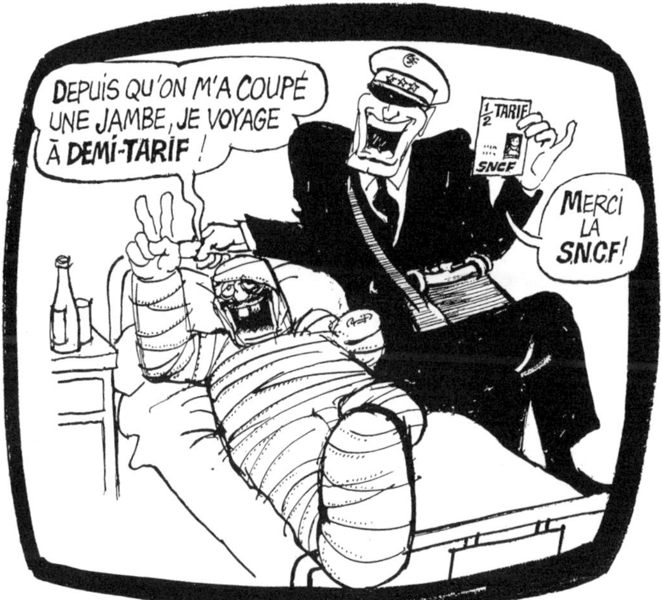

Désormais les chauffards seront jugés sur le champ.

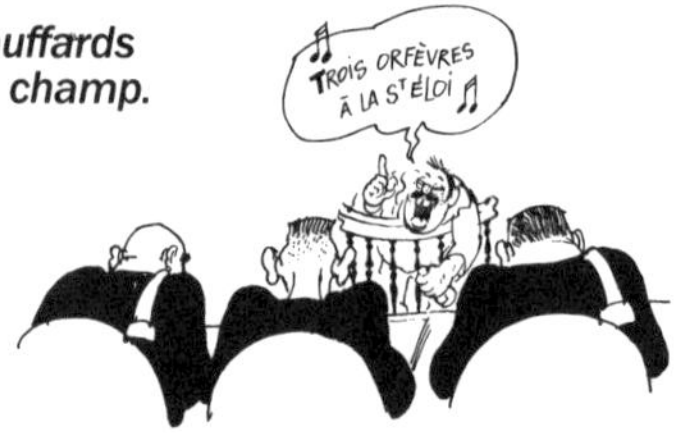

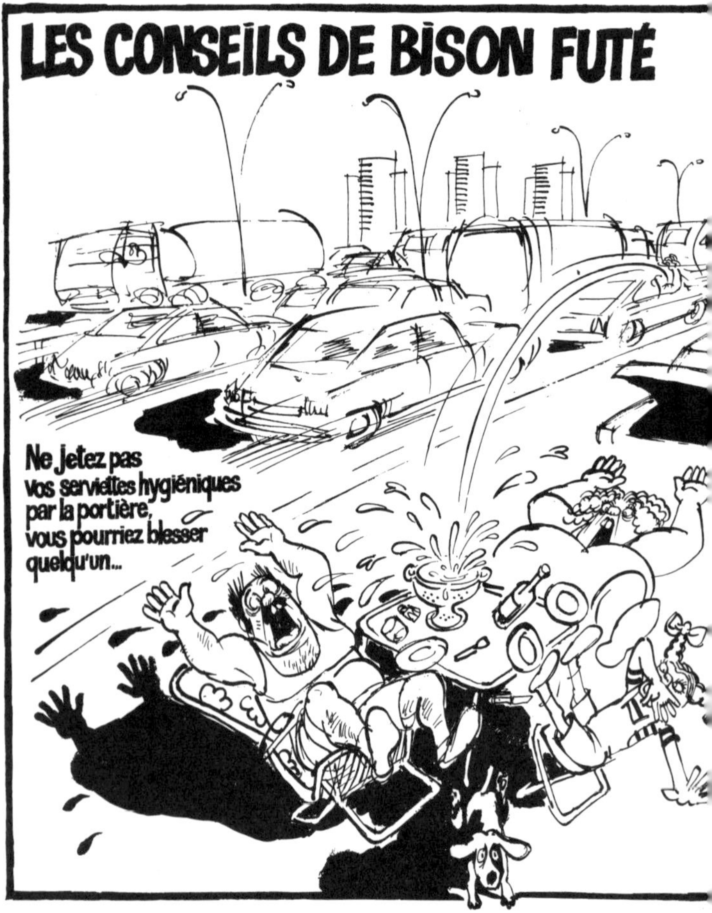

PLUTÔT MORTS QUE ROUGES !

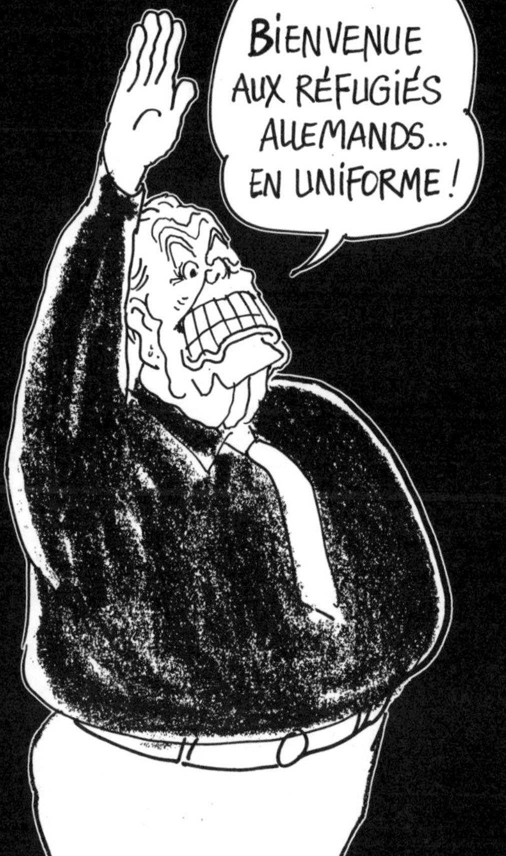

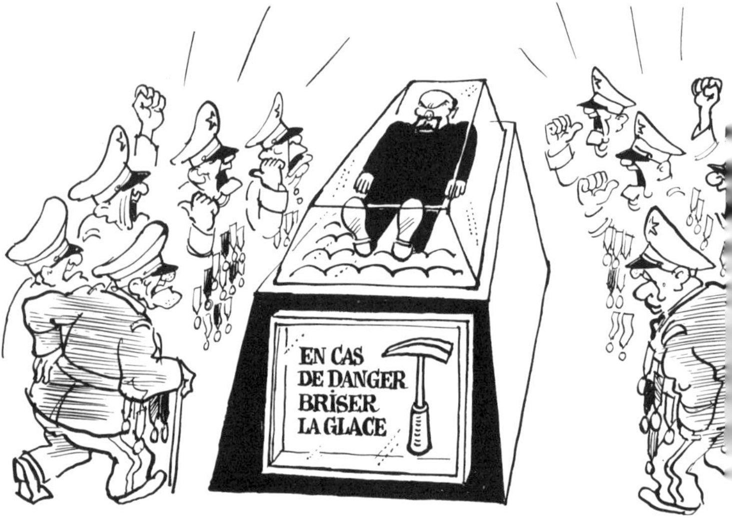

Lénine et Staline, innocentes victimes du monstre Gorbatchev et de son odieuse perestroïka.

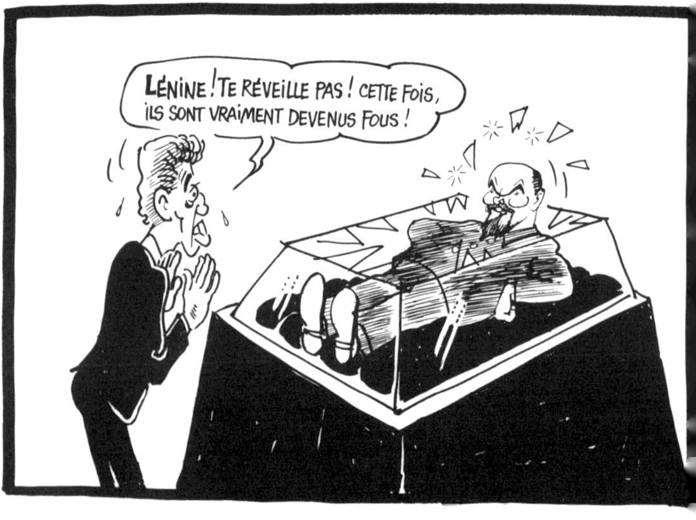

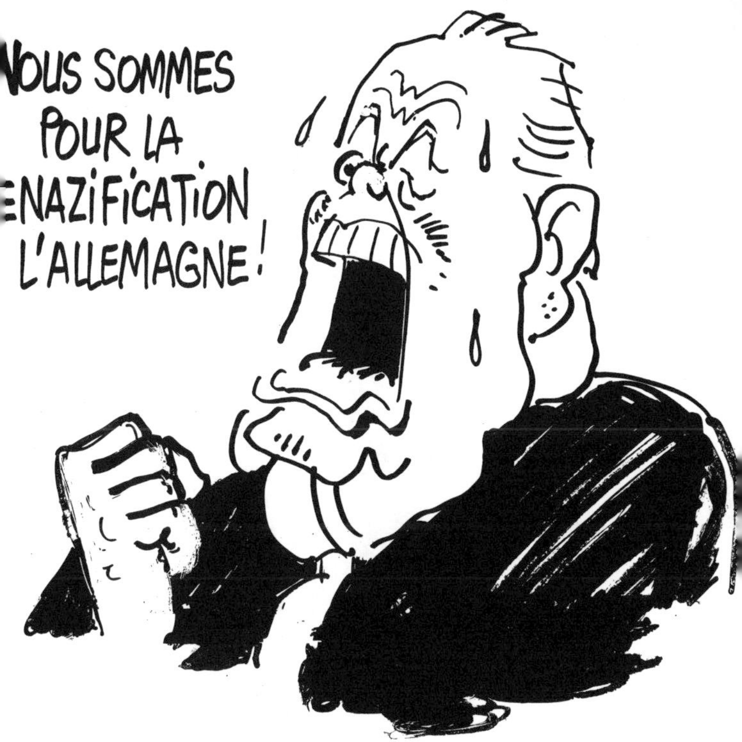

e Pen et Marchais saluent avec ferveur les retrouvailles des deux Allemagne.

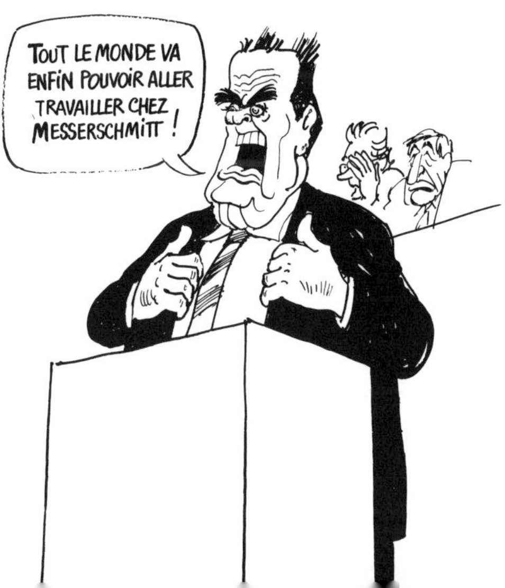

Lech Walesa pour l'ouverture au centre.

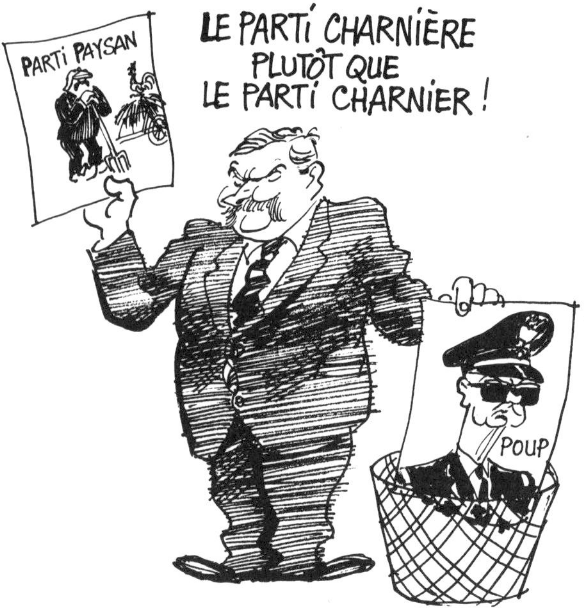

Le cri d'alarme du plus gras des Polonais :

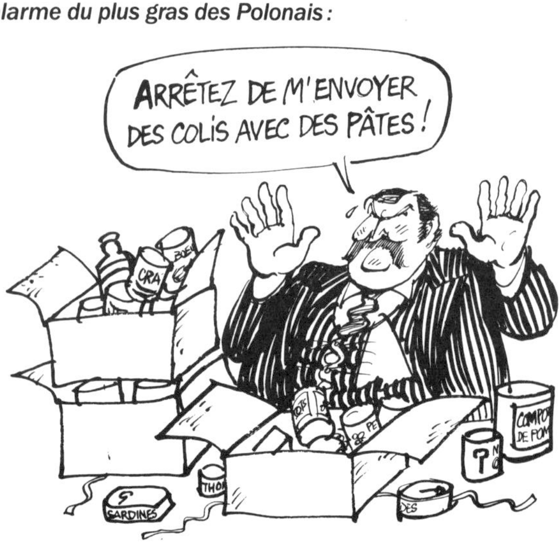

Août 89. Walesa renonce à devenir Premier ministre.

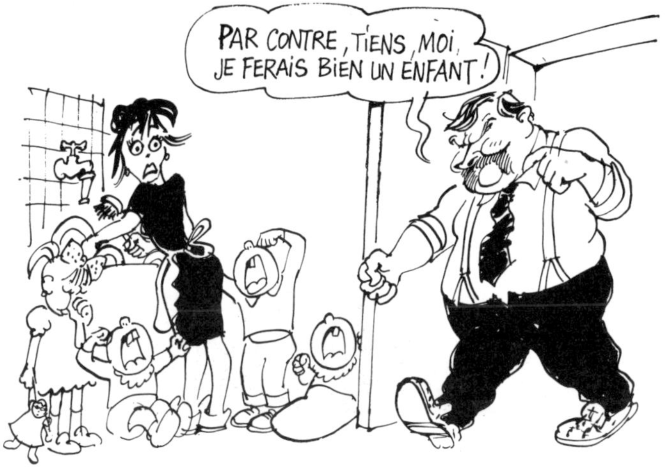

A l'Est, le temps des renégats...

... des millions d'Yves Montand viennent maintenant nous donner des leçons de clairvoyance !

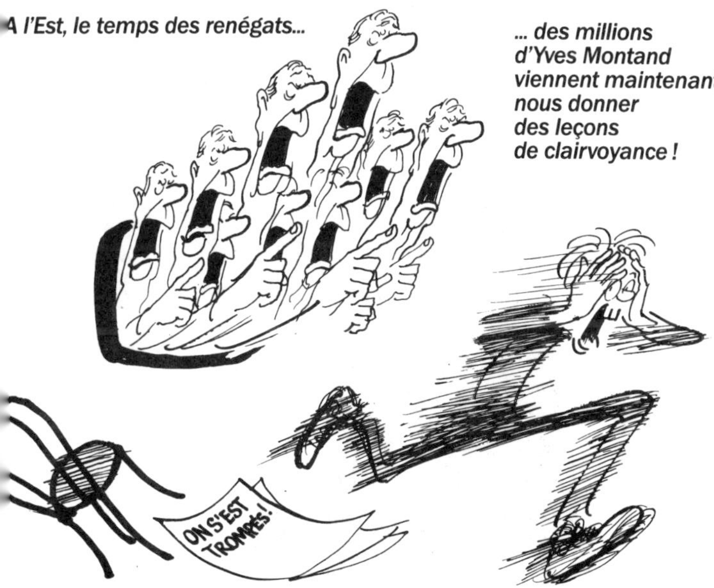

Nadia Comaneci, la petite fée des J.O. de Montréal 1976, fuit la Roumanie pour rejoindre son entraîneur.

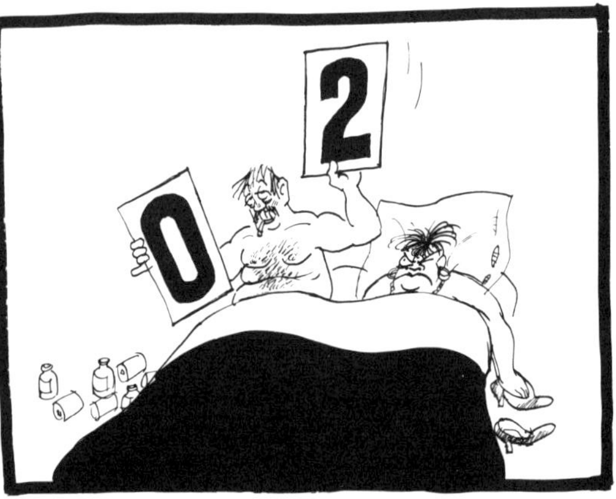

Les ambitions cachées de Jean-Paul II.

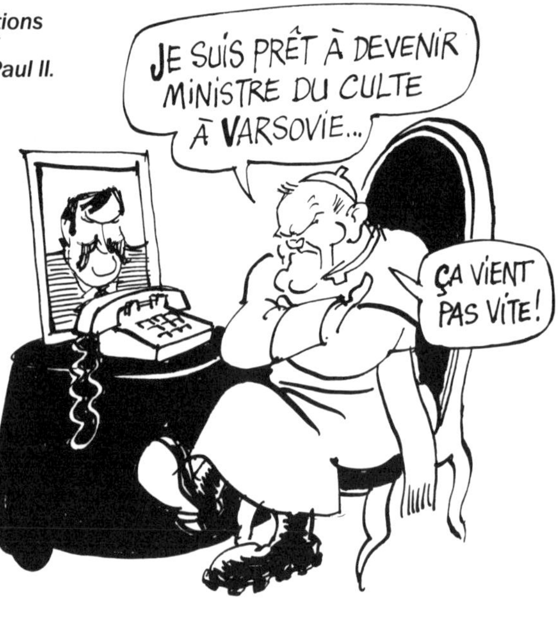

ı 89. En Chine, les blindés
"l'armée du peuple" écrasent malencontreusement
əlques milliers d'étudiants
traversaient hors des clous.

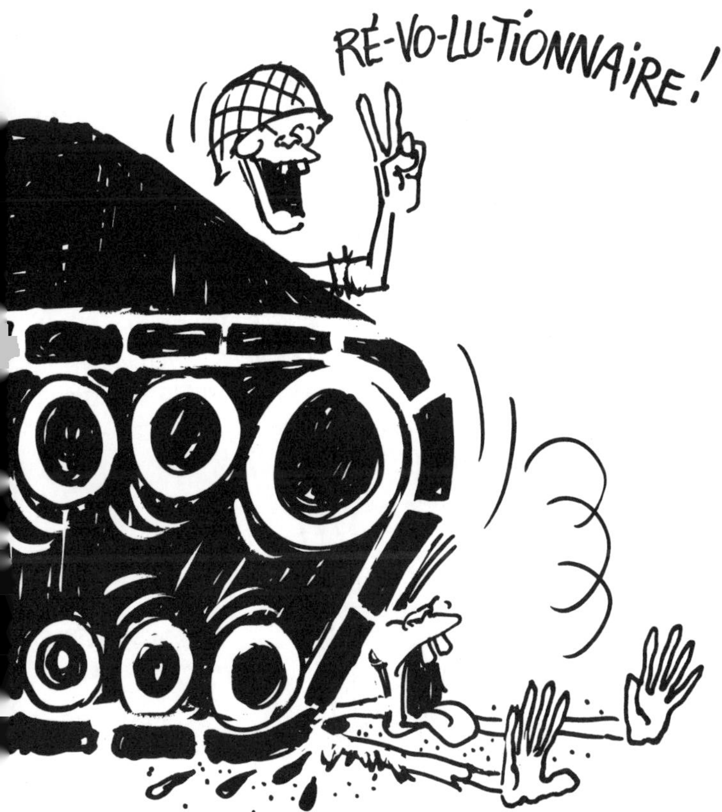

EN CHINE LE PEN
SE DIT LI PENG!

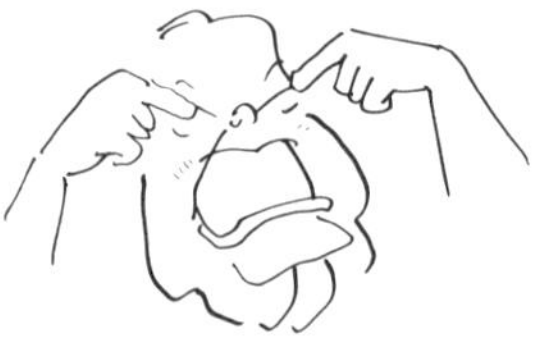

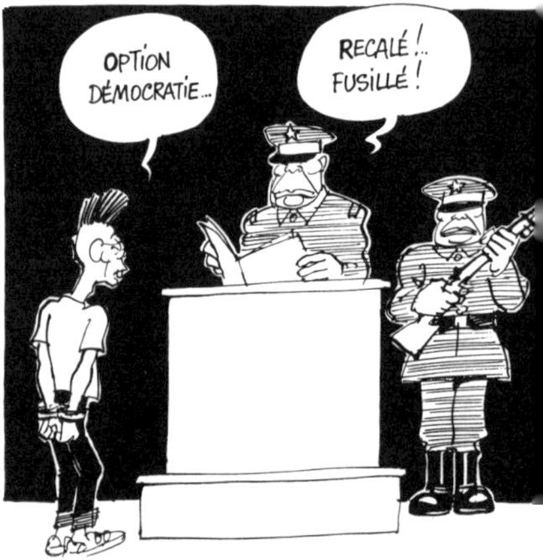

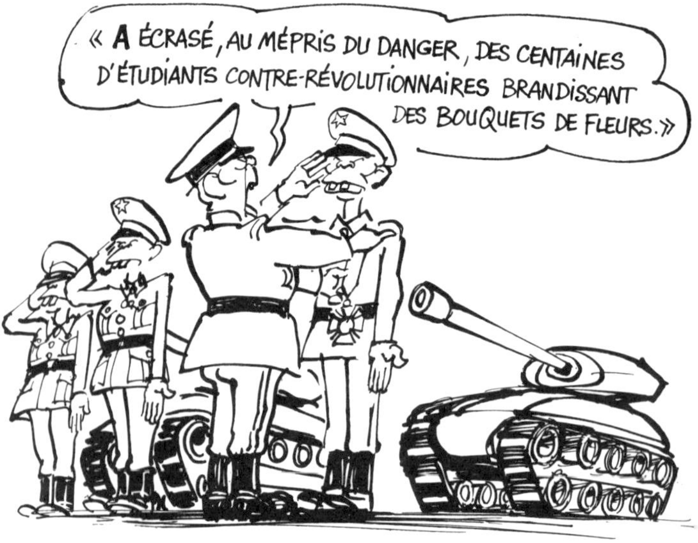

“Nuits de Chine, nuits câlines.”

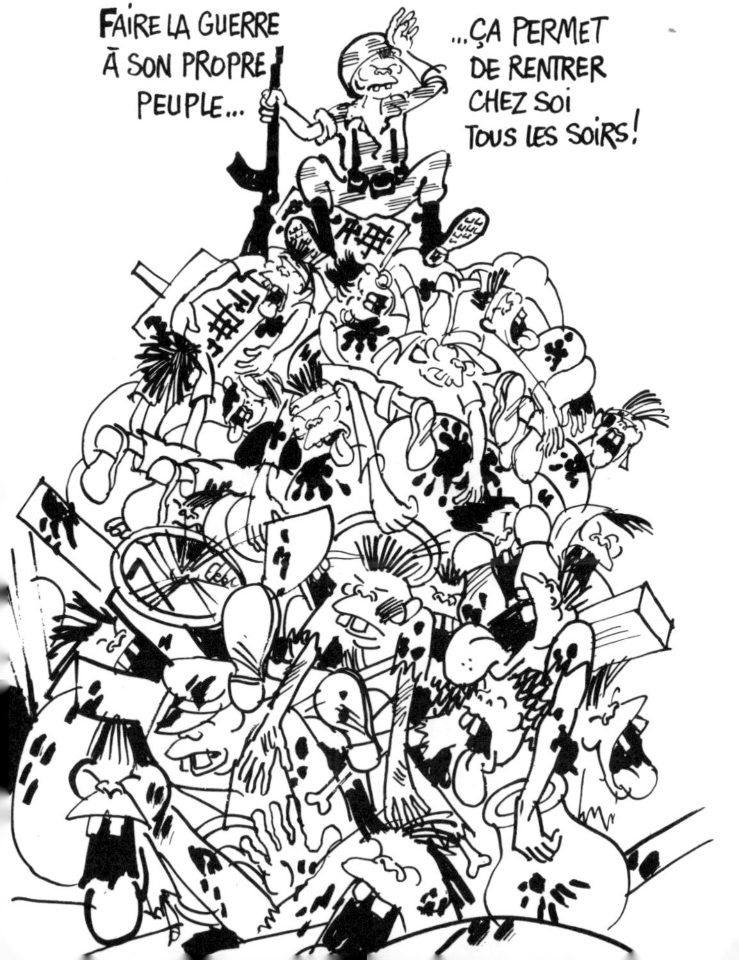

De nouvelles médailles pour les militaires chinois.

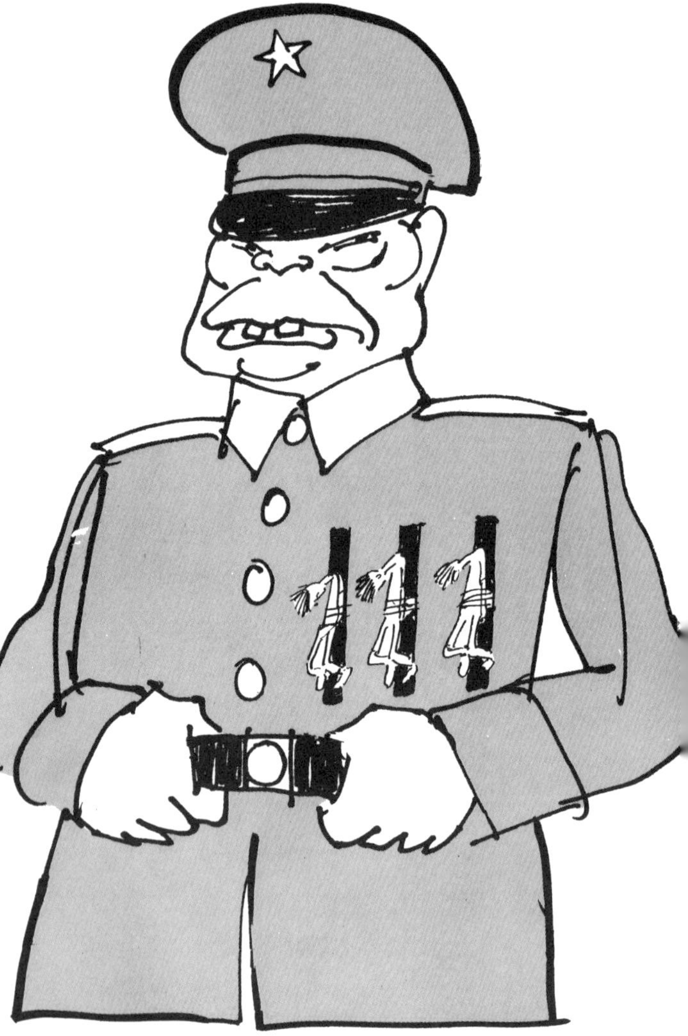

LES HORREURS DU SPORT

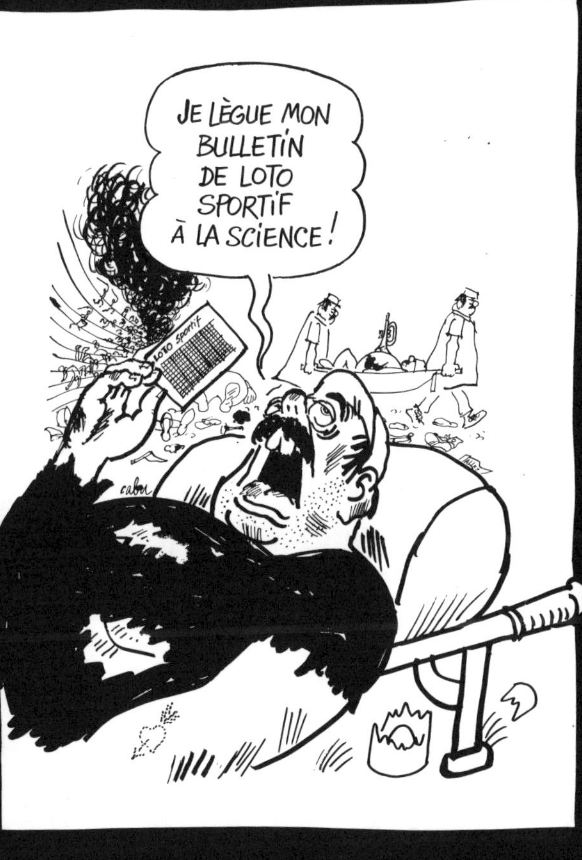

Le football est-il vraiment compatible avec l'Islam ?

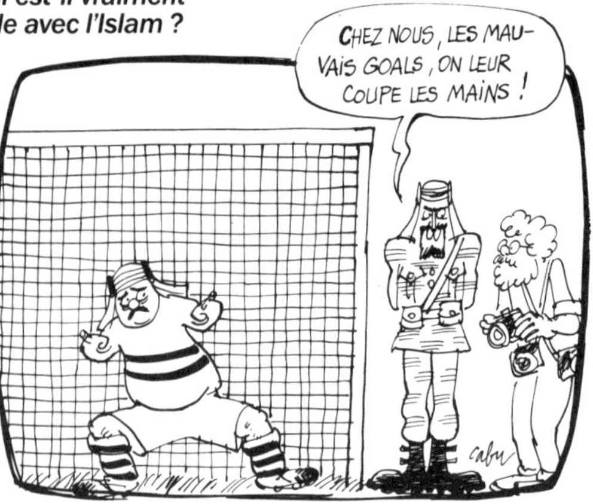

Un bon conseil à cet incapable de Platini.

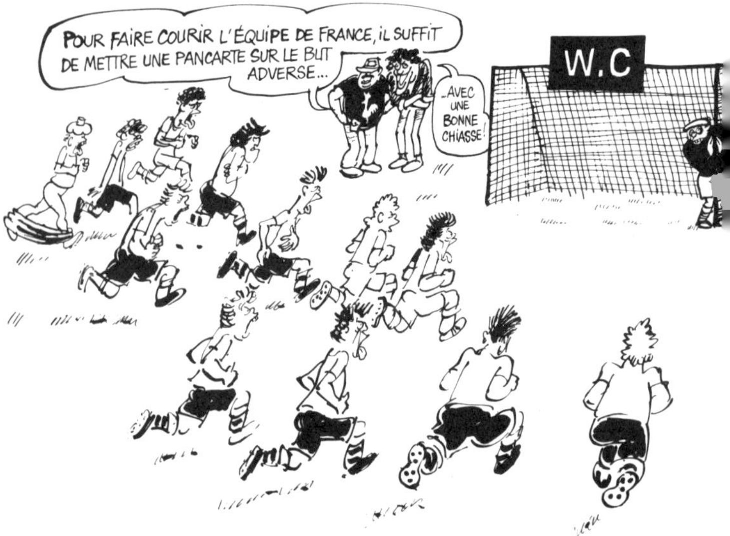

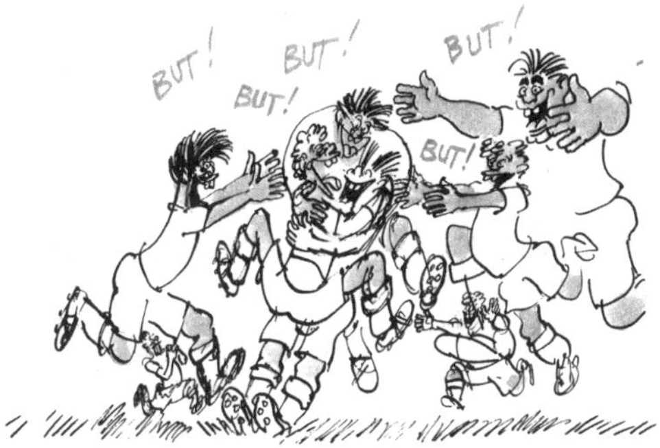
BUT!
BUT!
BUT!
BUT!
BUT!

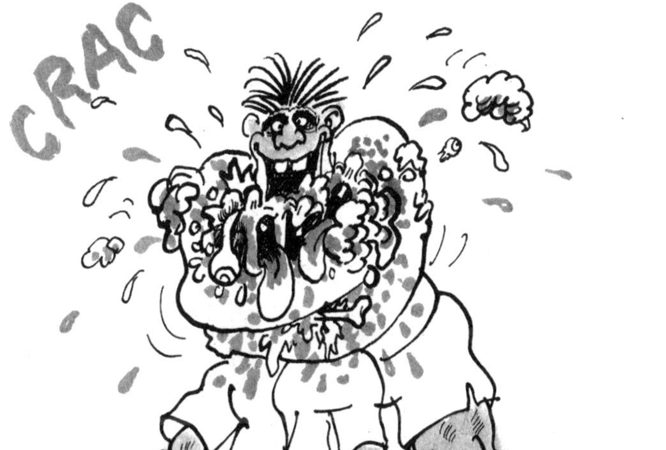
CRAC

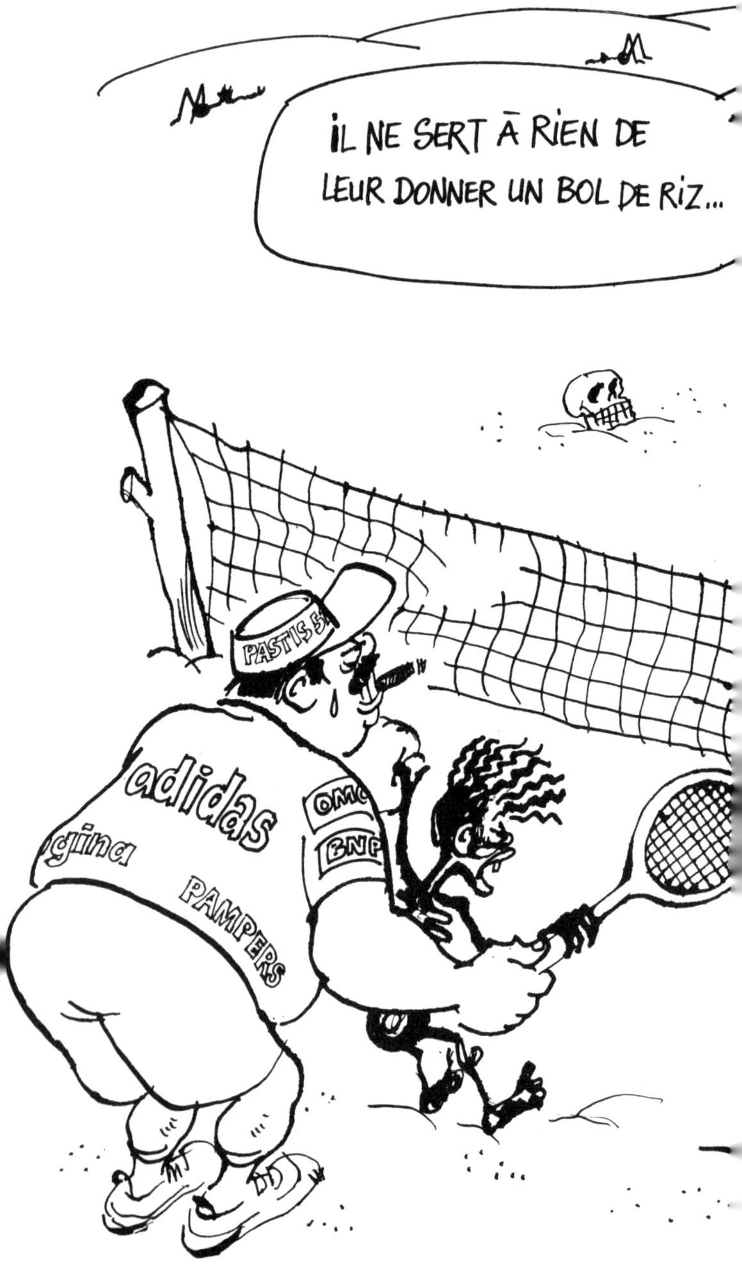
IL NE SERT À RIEN DE LEUR DONNER UN BOL DE RIZ...
adidas
BNP
PAMPERS

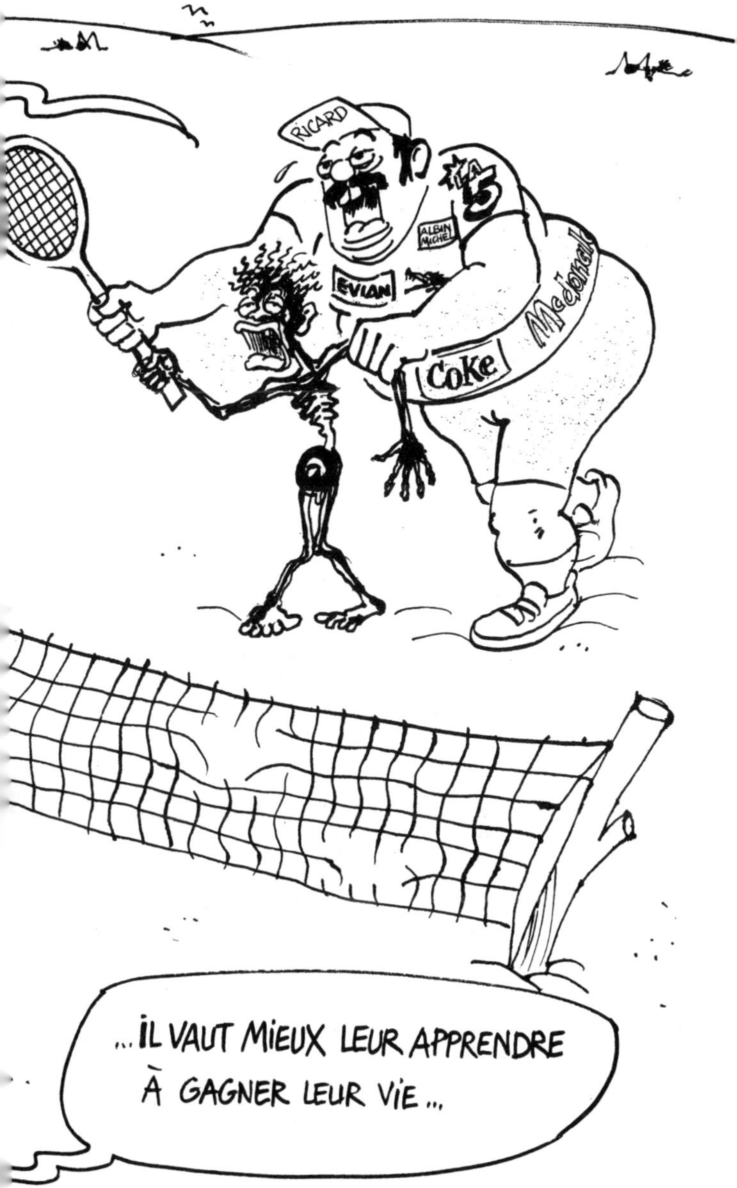
RICARD
LA 5
ALBIN MICHEL
EVIAN
COKE
... IL VAUT MIEUX LEUR APPRENDRE À GAGNER LEUR VIE ...

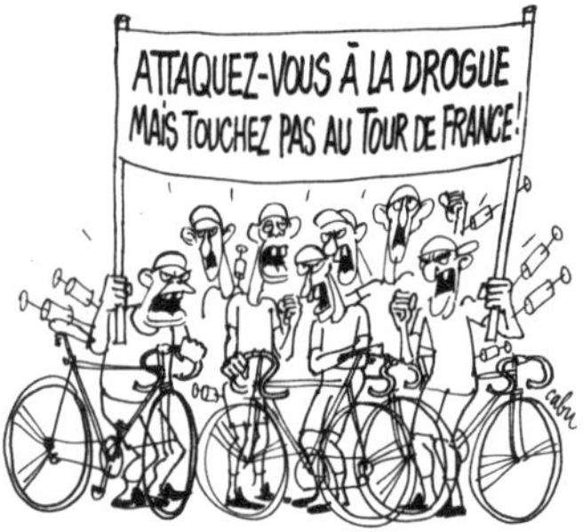

Le Tour de France malade de la drogue.

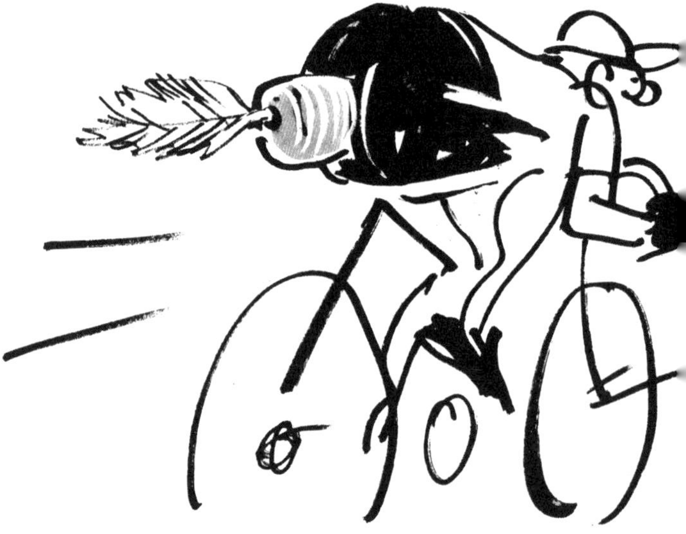

Poivron rouge... le doping du pauvre !

La longue agonie de Noah : faut-il le débrancher ?

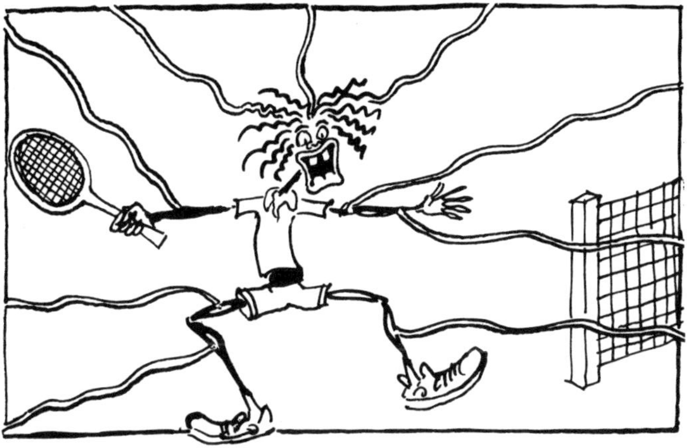

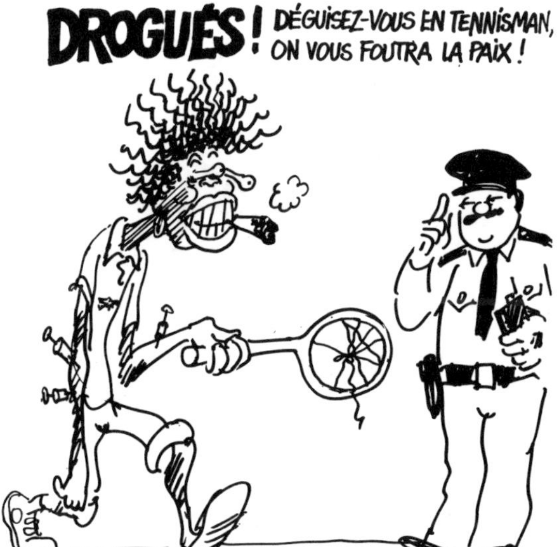

Ben Johnson : un exemple à suivre pour ses frères de couleur !

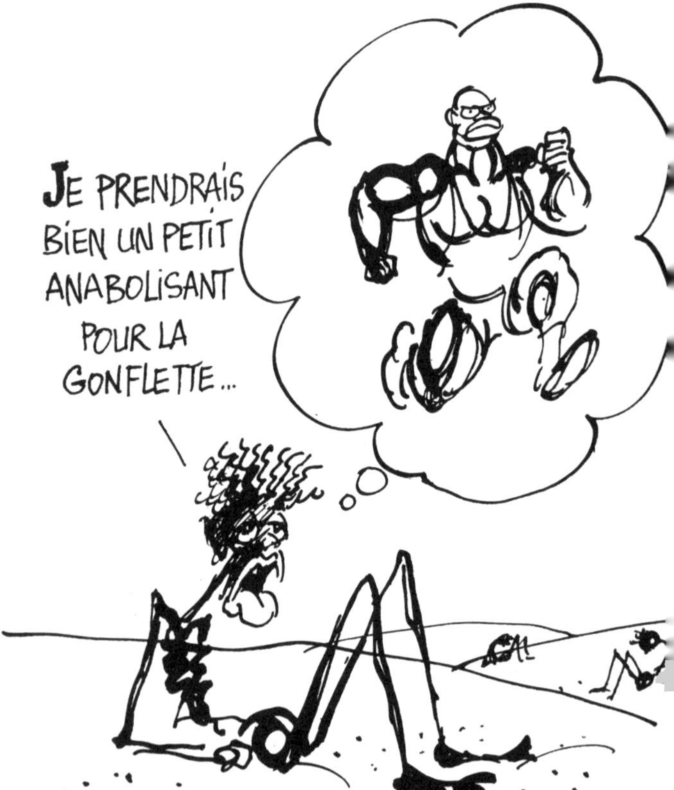

A l'écoute du peuple africain.

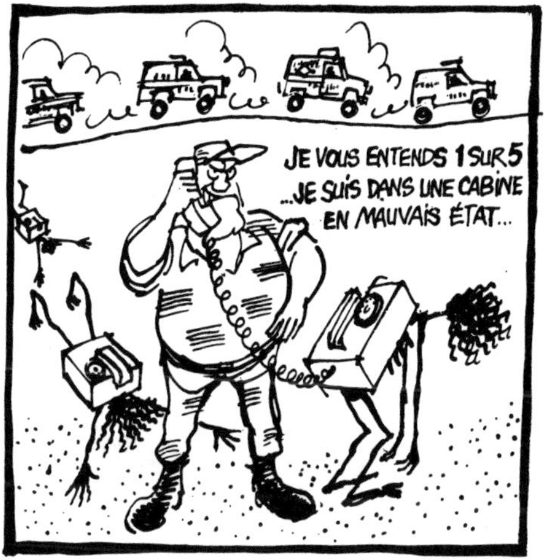

Le Paris-Dakar participe à la lutte contre l'immigration clandestine.

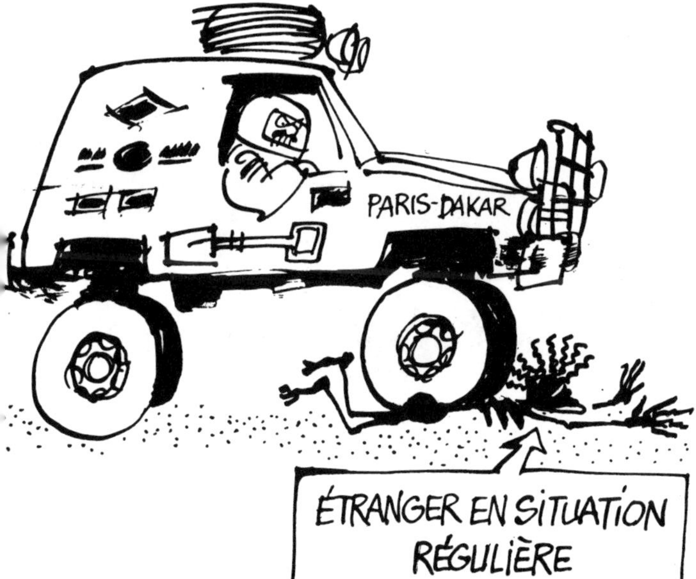

Paris-Dakar : une bien jolie distraction pour ces fainéants d'Africains !

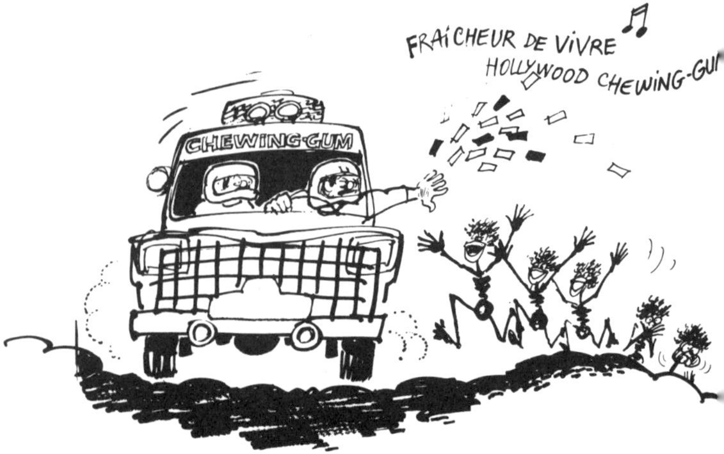

Bison Futé prévoit des bouchons aux abords des cimetières.

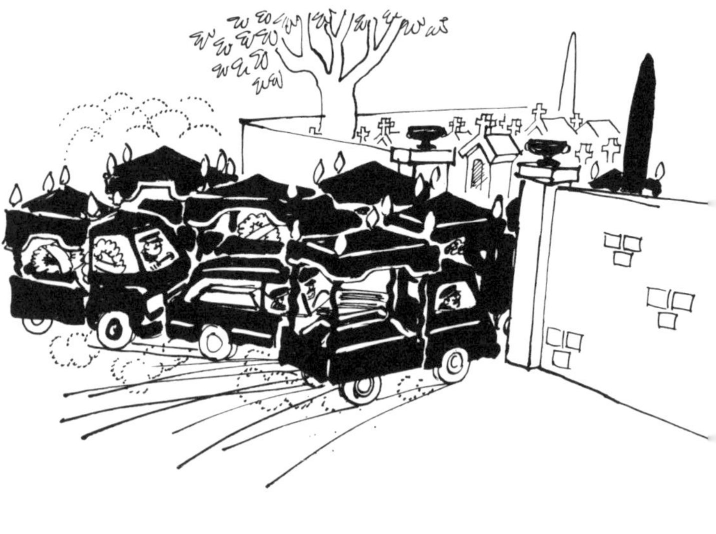

A VOTRE BONNE SANTÉ !

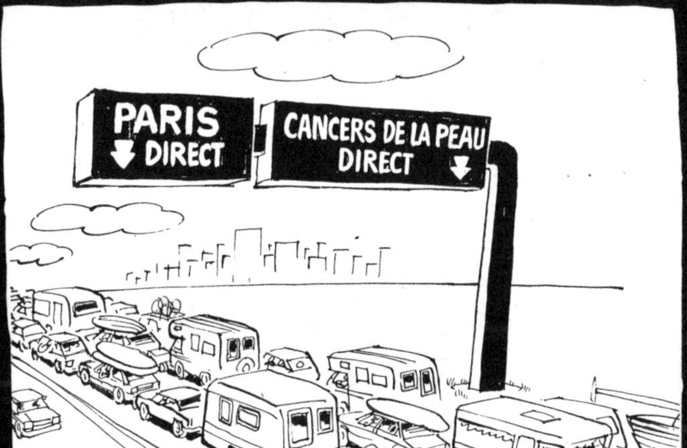

Enfin du nouveau dans le dépistage des cancers !

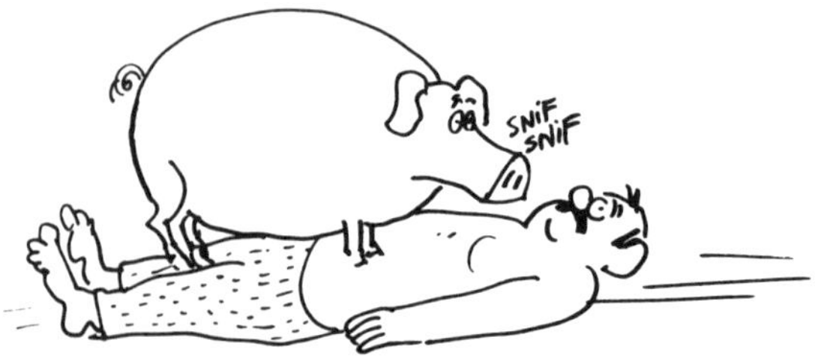

Finies les vacances au soleil.

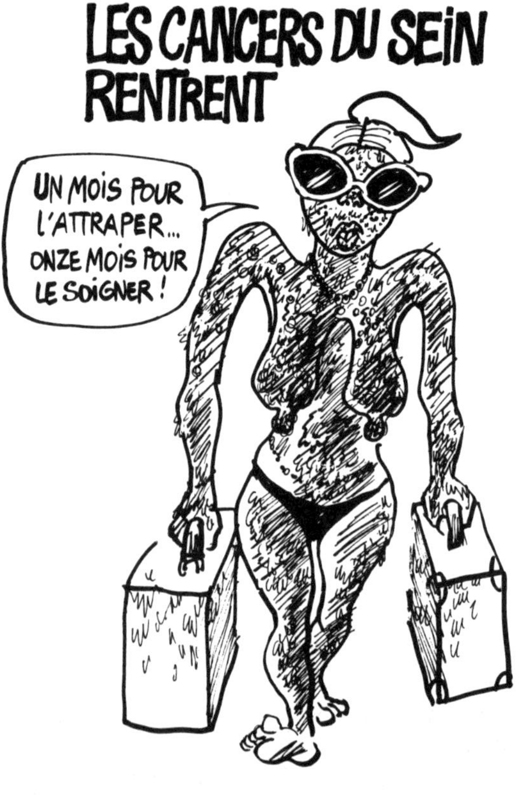

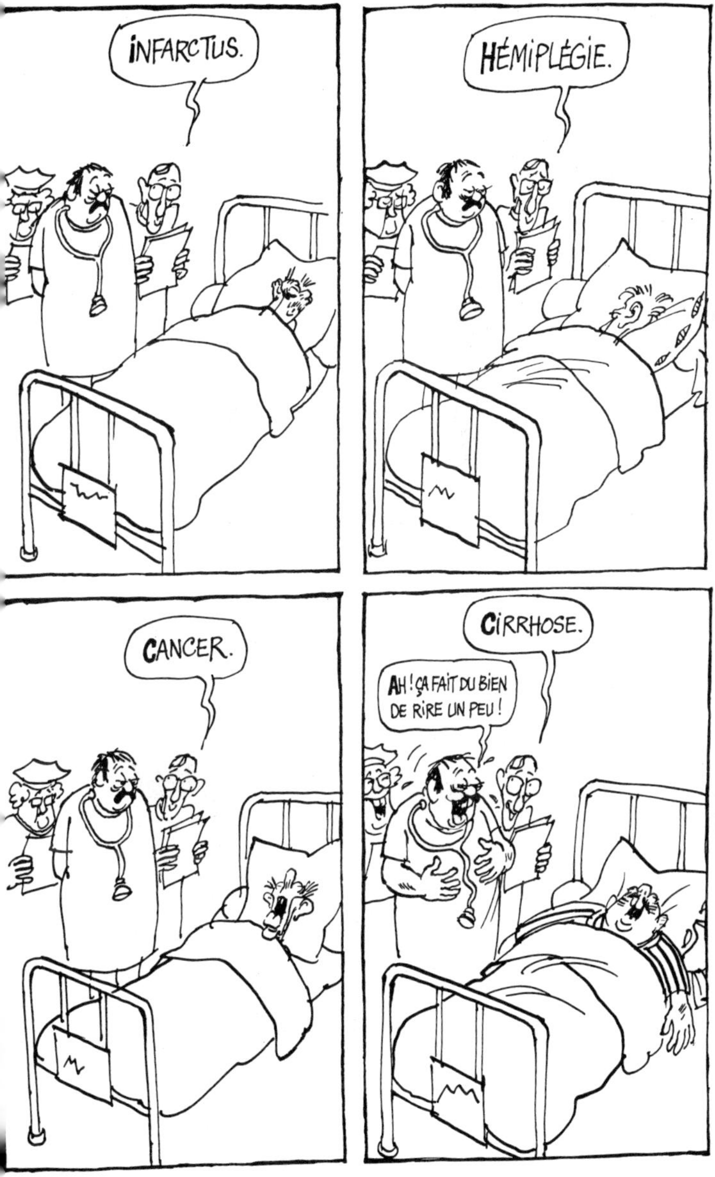
INFARCTUS.
HÉMIPLÉGIE.
CANCER.
CIRRHOSE.
AH ! ÇA FAIT DU BIEN DE RIRE UN PEU !

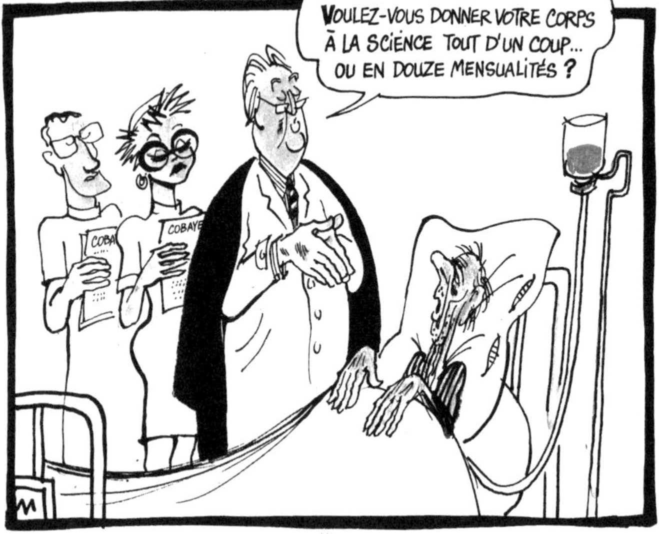

Dons d'organes : les médecins s'organisent...

... et Gainsbourg donne l'exemple.

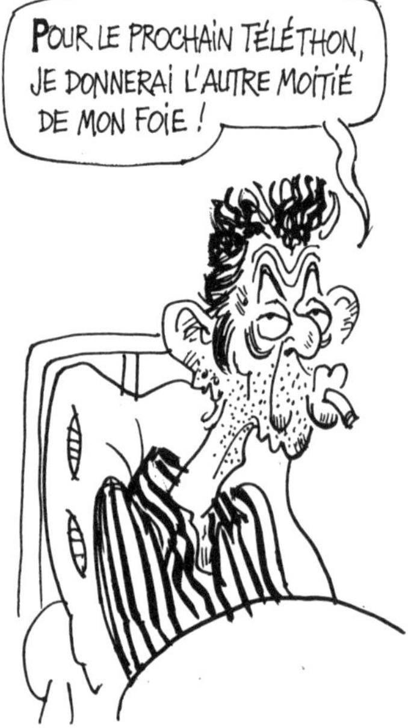

es dangers
le la vulgarisation.

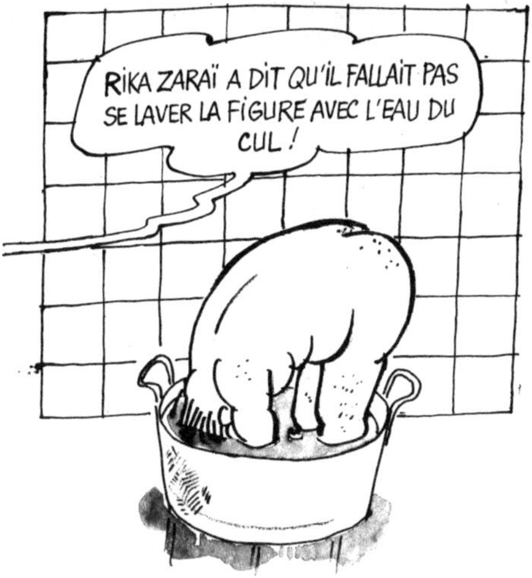

a médecine au chevet des incurables.

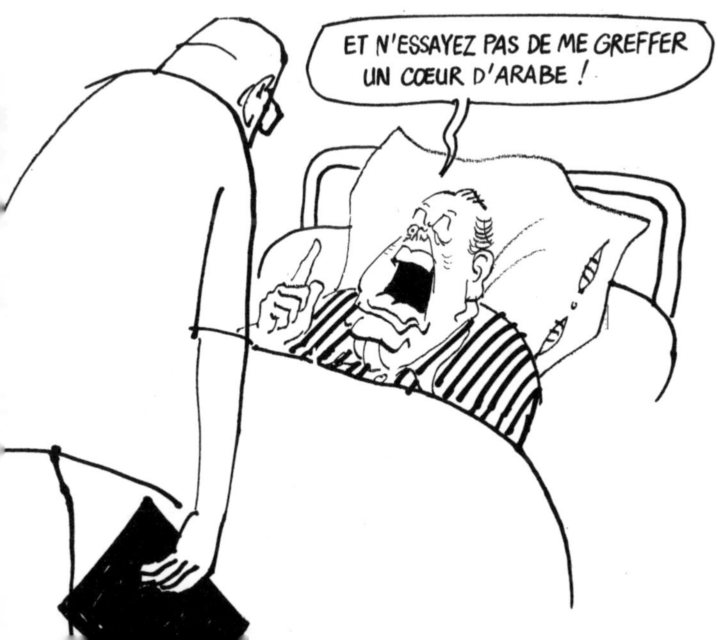

Petites nouvelles des handicapés.

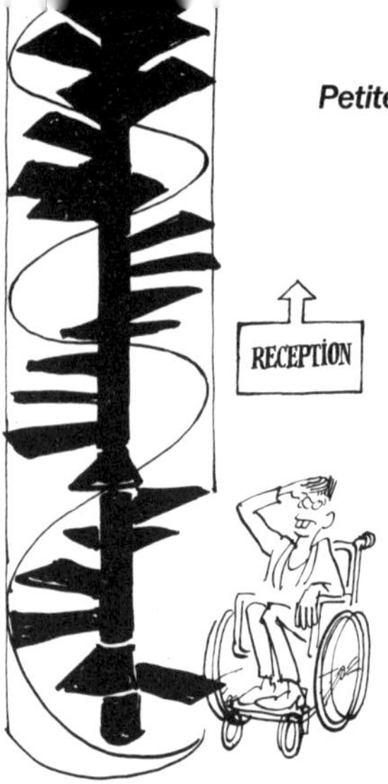

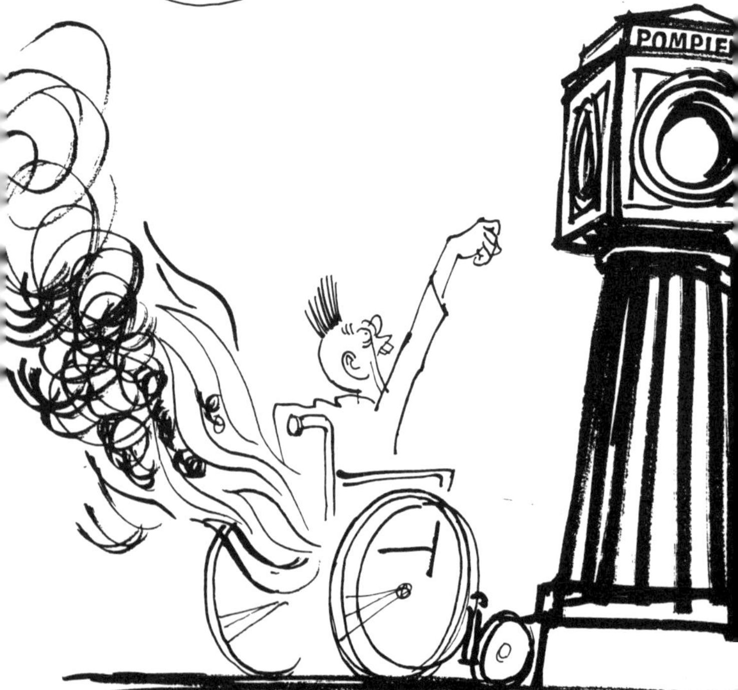

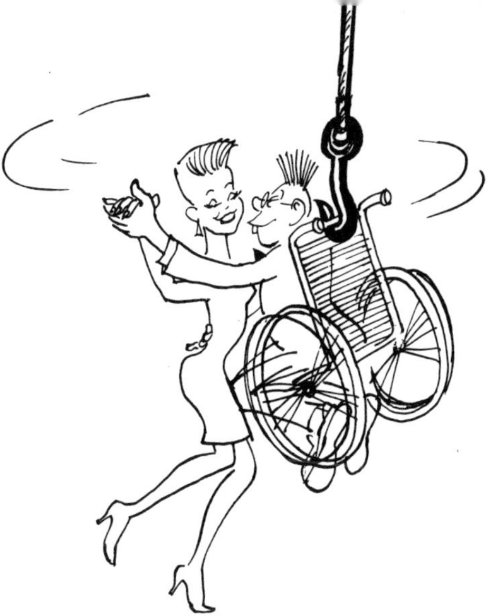

LES HANDICAPÉS À L'ÉLYSÉE

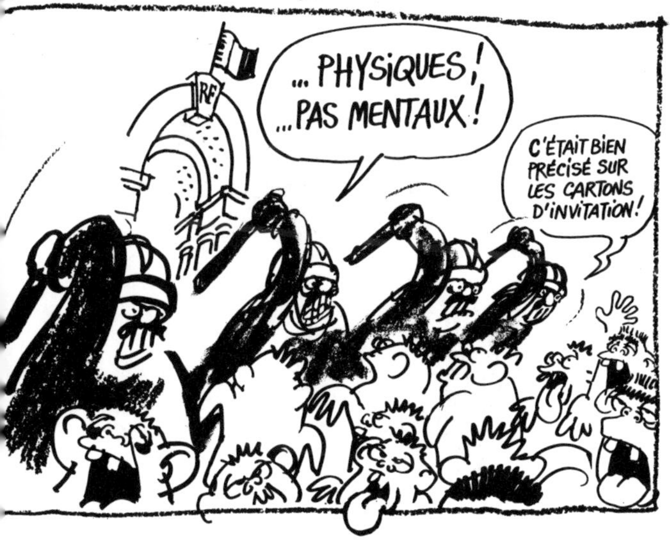

A quand un Téléthon pour les handicapés mentaux... présenté par Patrick Sabatier ?

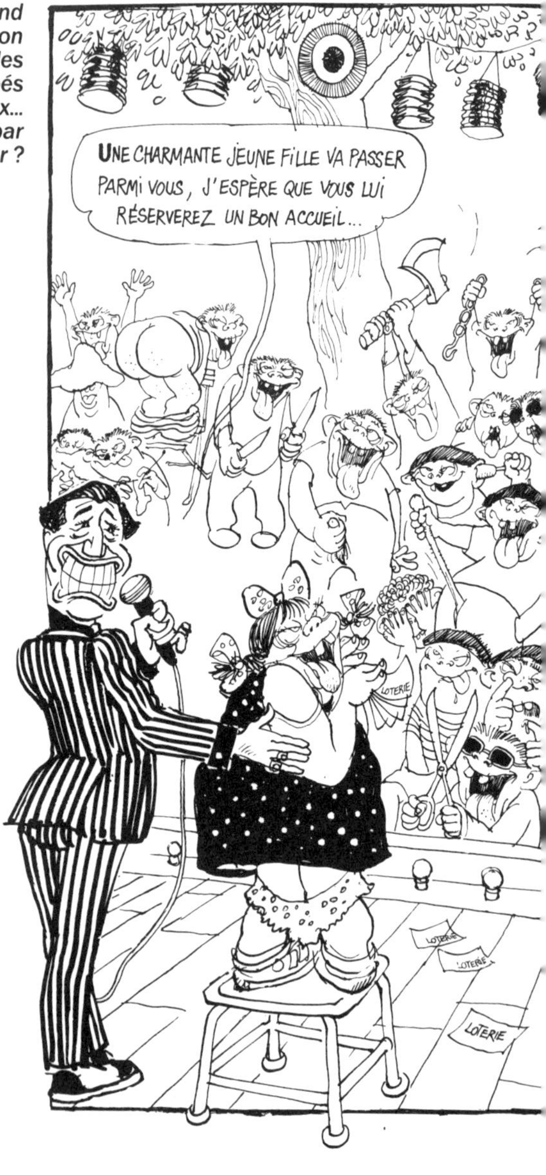

ARTE DE VOEUX
ENDUE AU PROFIT

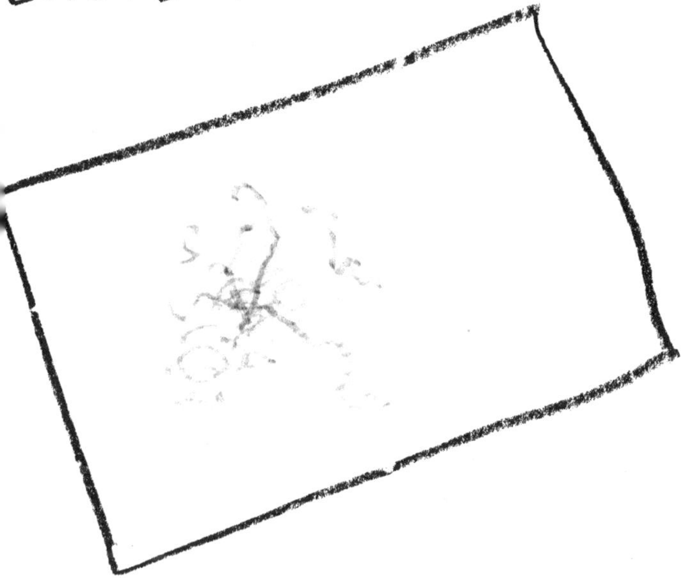

DES HANDICAPÉS PHYSIQUES

T.F.1 contre Antenne 2...

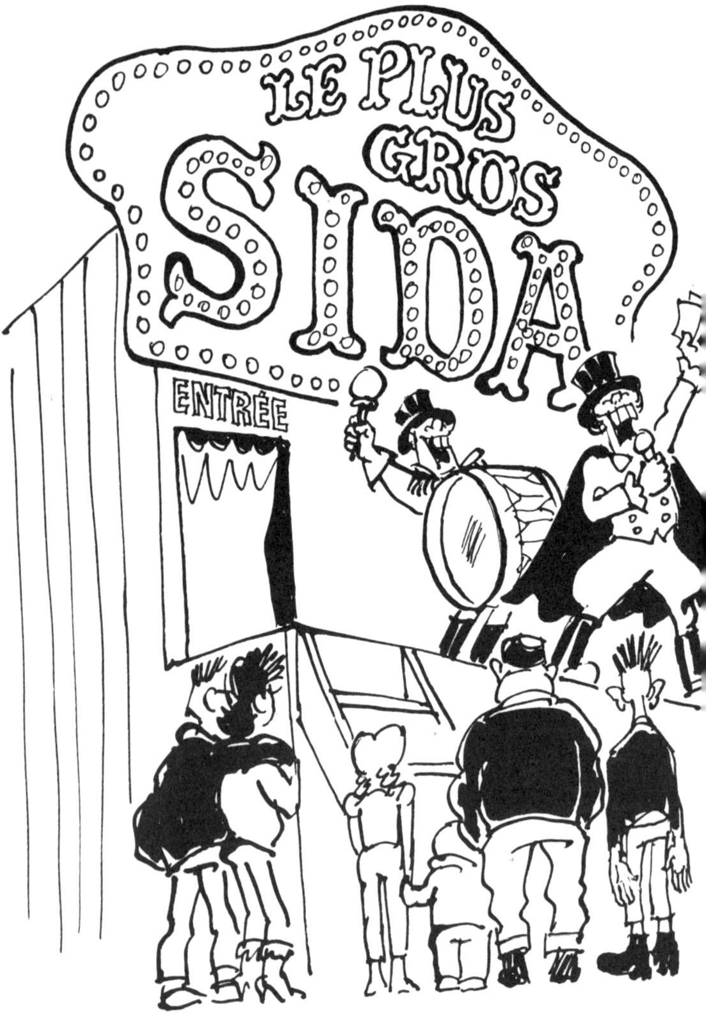

… la guerre de la bonne conscience fait rage !

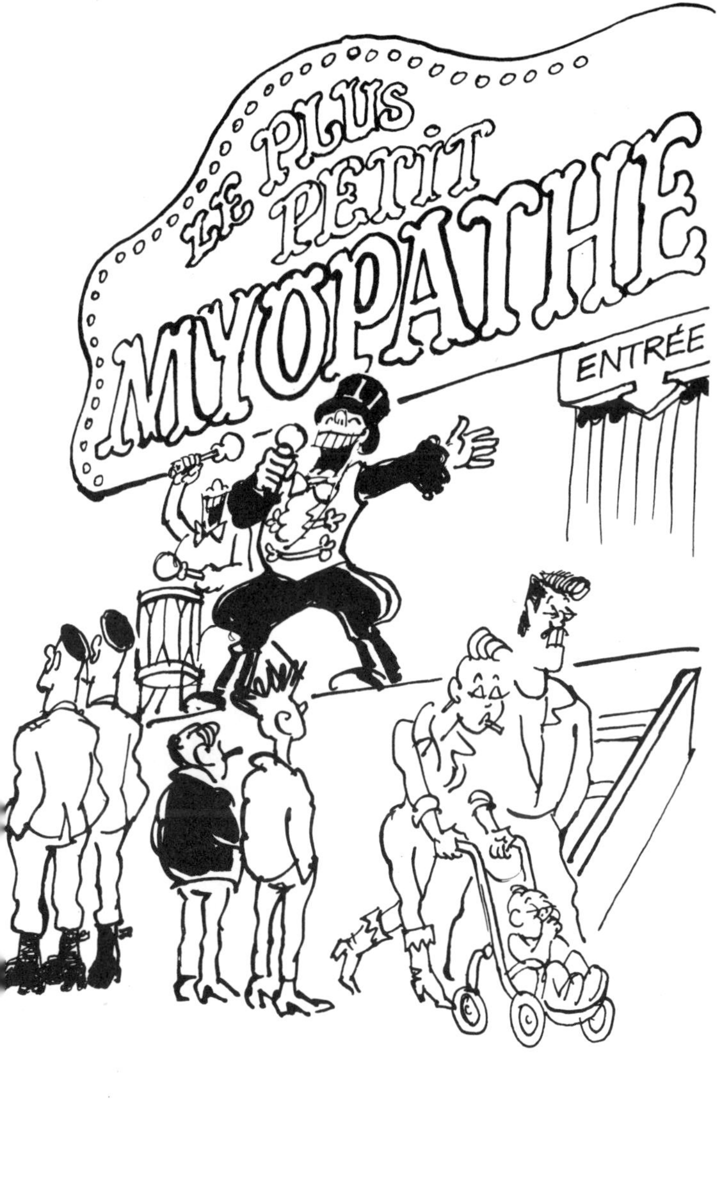

Bientôt, la mort télévisée en direct.

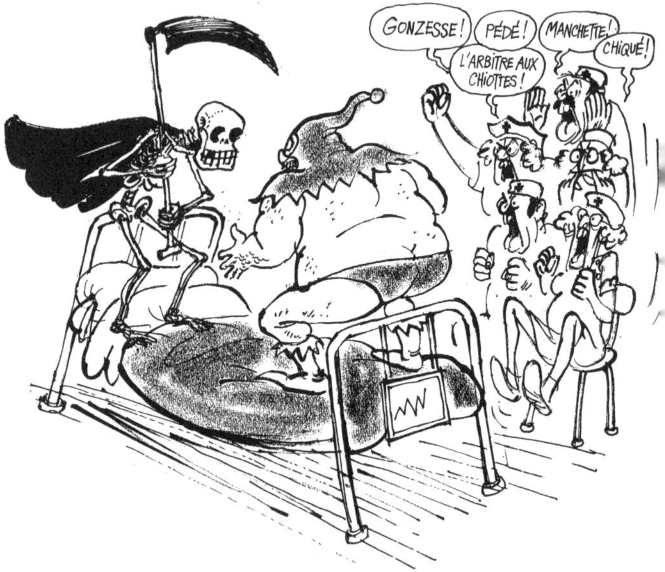

A consommer avec modération : les embryons congelés.

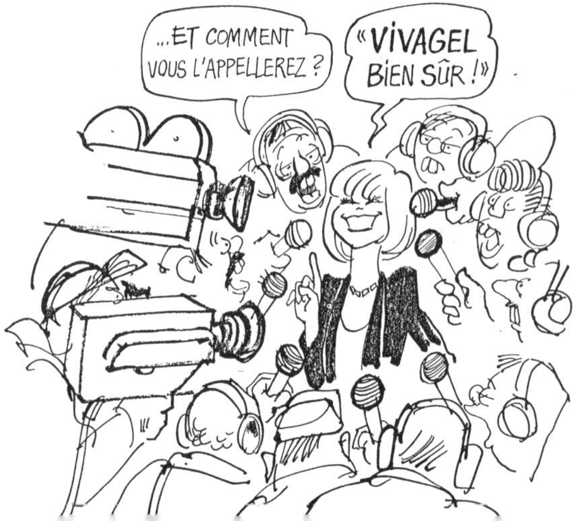

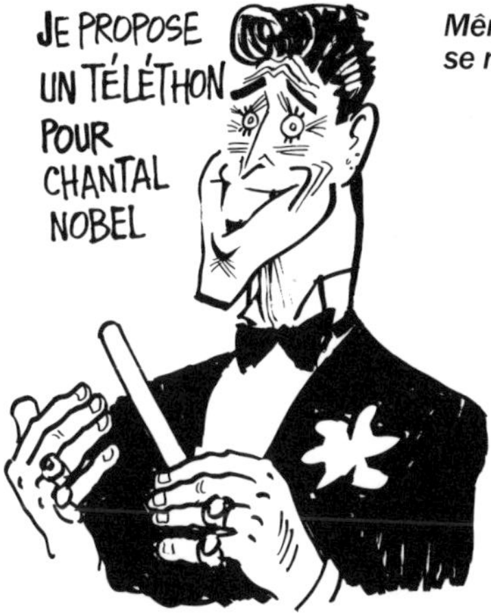

Même Sacha Distel se mobilise.

ement la “Nuit du sida” à la télé.

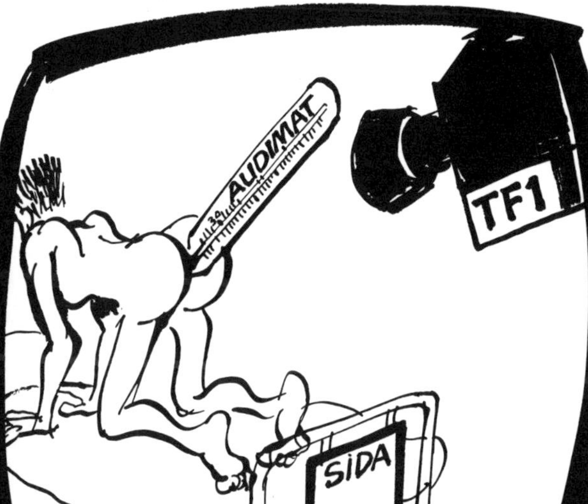

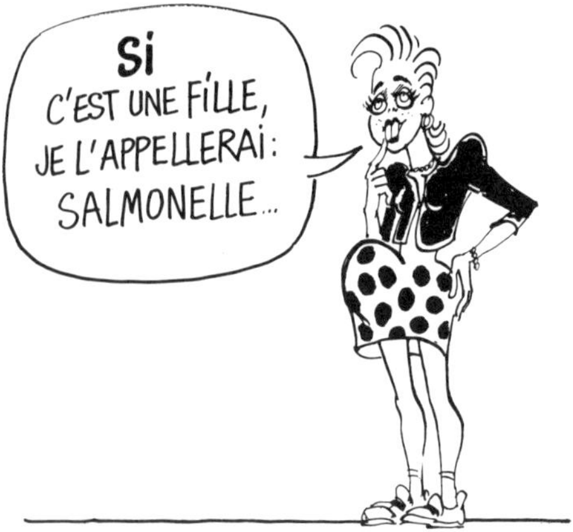

Pour une nouvelle génération de Français,
une nouvelle génération de maladies.

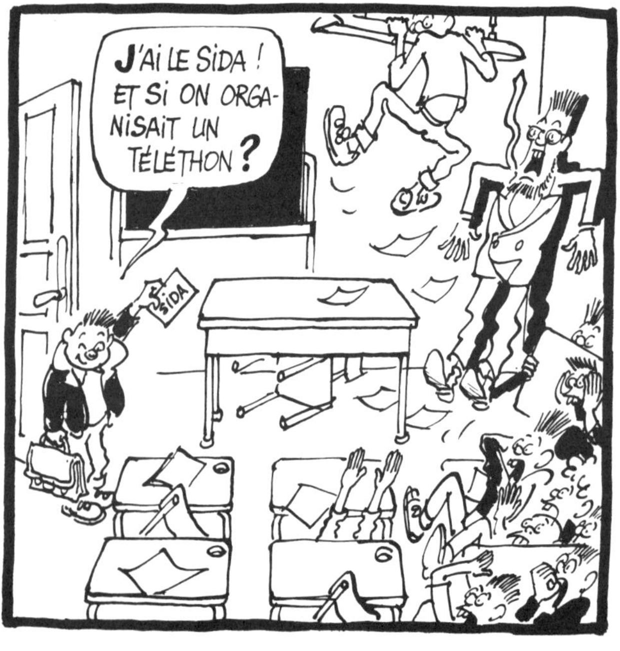

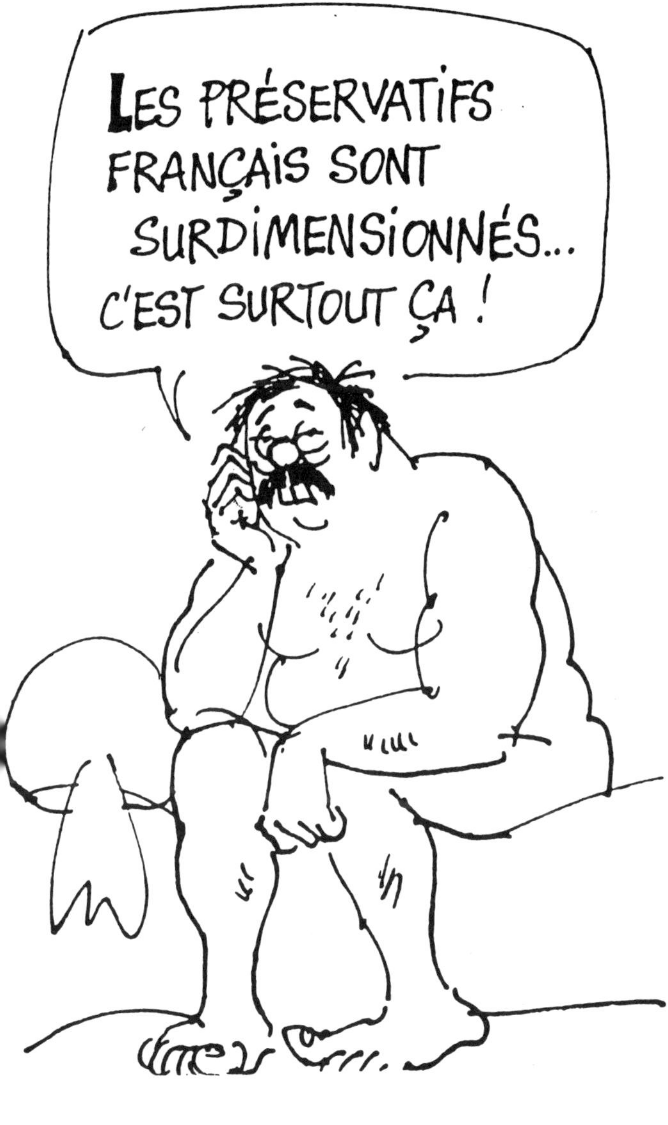
LES PRÉSERVATIFS FRANÇAIS SONT SURDIMENSIONNÉS... C'EST SURTOUT ÇA !

Exclusif ! Le seul préservatif autorisé par l'Eglise...

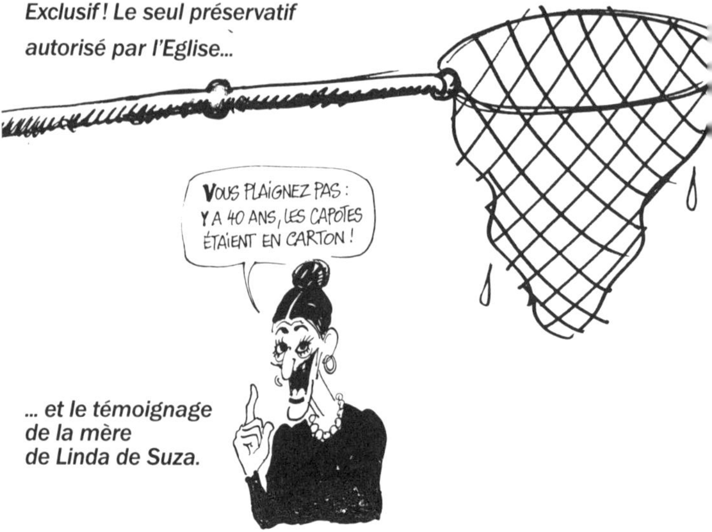

... et le témoignage de la mère de Linda de Suza.

Encore une nouvelle mode au Club Med' !

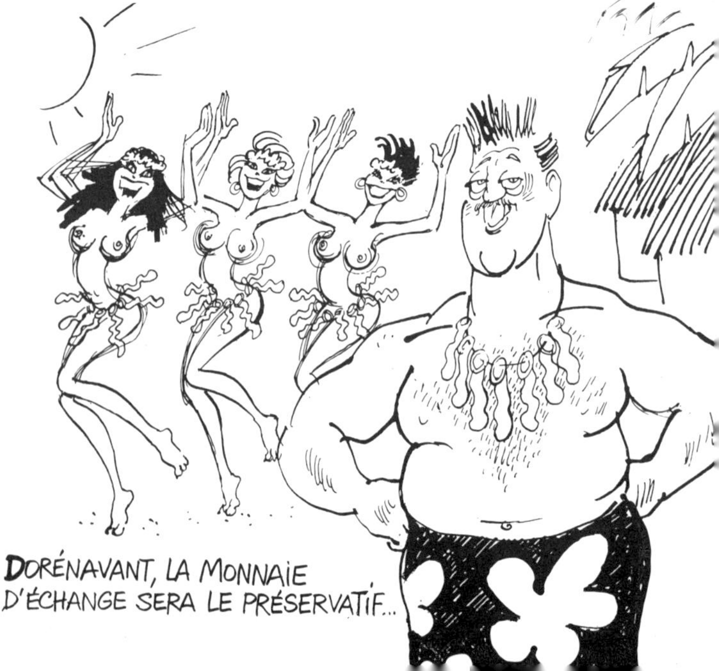

Le sens de la fête, ça, c'est français !

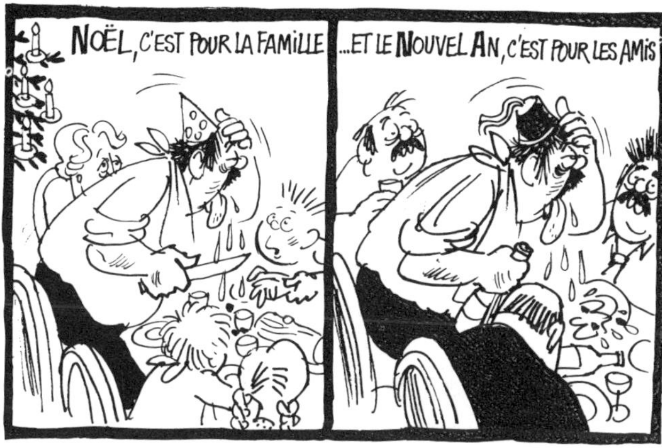

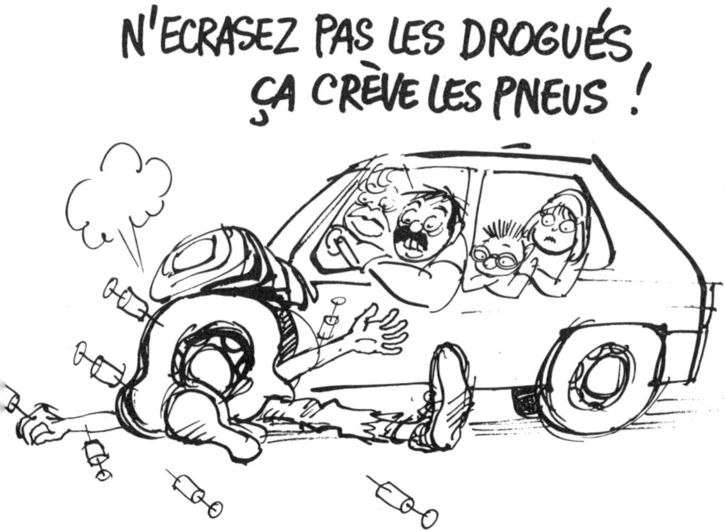

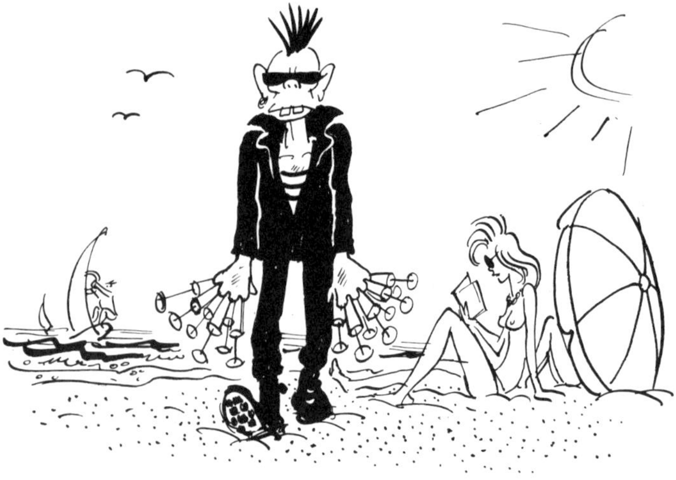

Un nouveau job d'été pour jeunes : revendeur de seringues consignées

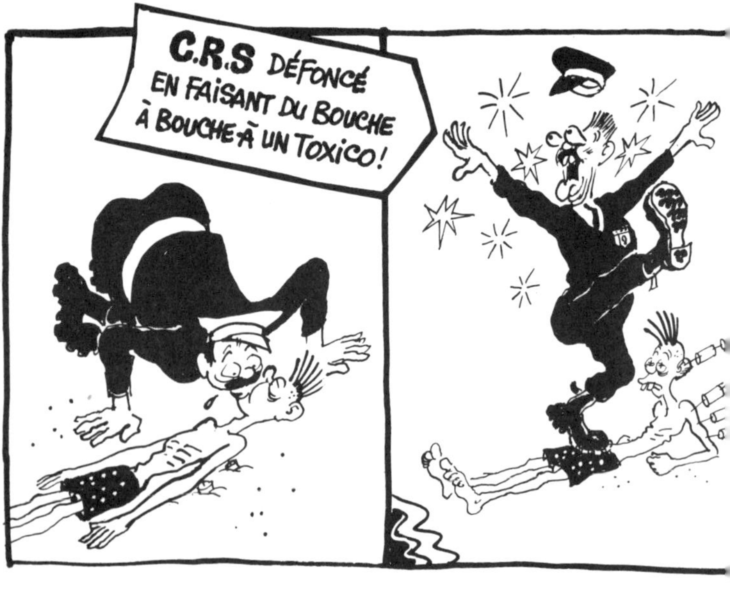

Les flics seront-ils bientôt tous accros ?

Le cri de révolte des jeunes drogués :

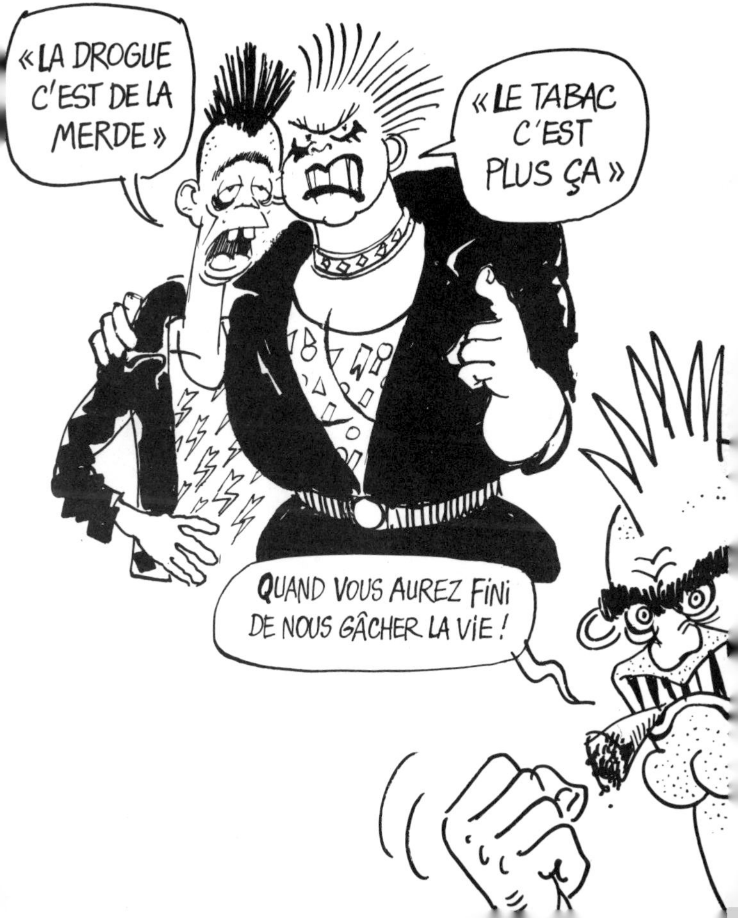

La question qui angoisse les femmes du monde entier : les mâles français sont-ils dopés aux aphrodisiaques ?

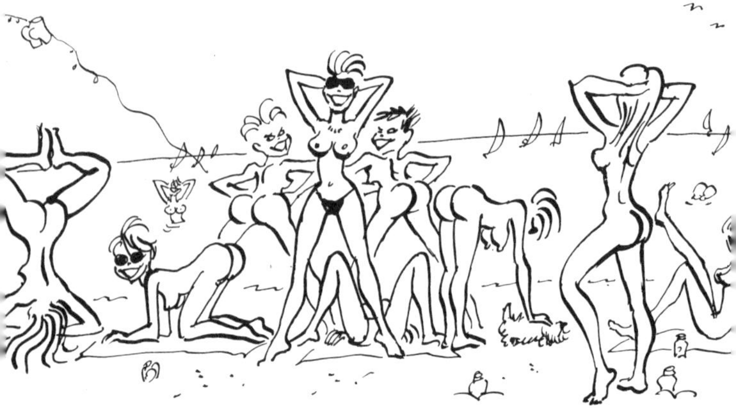

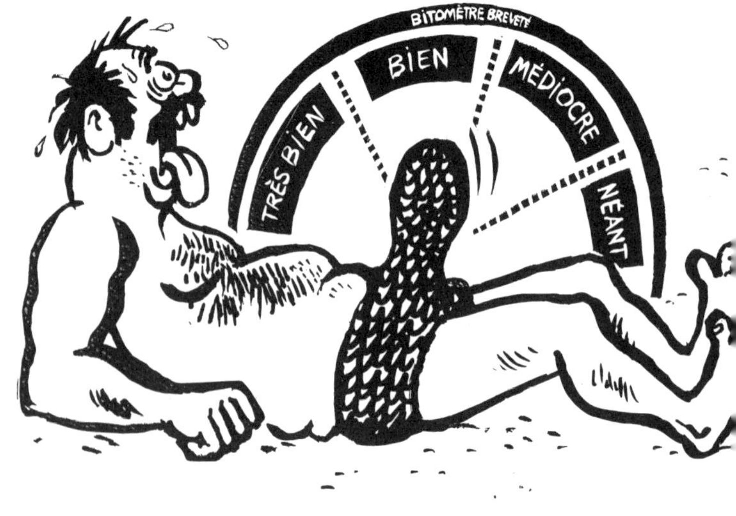

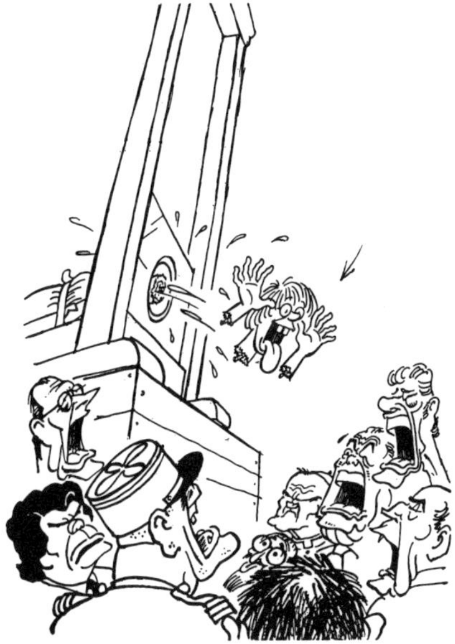

IMPRESSION : MAME IMPRIMEURS, À TOURS
DÉPÔT LÉGAL : OCTOBRE 1991. N° 13110 (27028)

Du même auteur

Le Grand Duduche, *Dargaud, 1968*

Le Grand Duduche
(« Il lui faudrait une bonne guerre »),
Dargaud, 1970

Les Aventures de Madame Pompidou
Le Square, 1972

Le Journal de Catherine, *Gallimard, 1974*

Mon Beauf, *Le Square, 1975*

Ouvrez le massacre
(La Démolition de Châlons)
en collaboration avec J. M. Boëglin,
Le Sagittaire, 1976

La France des beaufs, *Le Square, 1979*

Camille-le-Camé contre mon beauf
Le Square/Albin Michel, 1980

Inspecteur la Bavure
en collaboration avec Hugot,
Le Square/Albin Michel, 1980

Le Grand Duduche en vacances, *Dargaud, 1980*

Le Grand Duduche et la Fille du proviseur
Dargaud, 1980

Maraboud'ficelle
en collaboration avec W. Leymergie,
Dargaud, 1980

Votez Mère Denis, *Le Square/Albin Michel, 1980*

A bas la mode !, *Dargaud, 1981*

Catherine saute au paf, *Dargaud, 1982*

Le Grand Duduche
(L'Ennemi intérieur)
Dargaud, 1982

La Revue de presse de Droit de réponse
en collaboration avec Loup et Siné,
Mengès, 1983

Mitterand et son beauf, *Albin Michel, 1984*

Bien dégagé sur les oreilles, *La Découverte, 1985*

Le Nez de Dorothée, *Éditions AB, 1986*
Showbiz, *Albin Michel, 1986*
Rôti de beauf, *Marabout, 1987*
Plutôt Russe que mort !
Seuil, « L'histoire Immédiate », 1987
A bas toutes les armées !, *Marabout, 1988*
La Cuisine électorale (illustrations)
en collaboration avec Élisabeth Courtial et Jean-Luc Mano, Stock, 1988
Le Gros Blond avec sa chemise noire
Albin Michel, 1988
Petit Précis de cuisine anthropophage (illustrations)
en collaboration avec Guy Prévan, Instant, 1988
Un Japonais à Paris (illustrations)
en collaboration avec Akio Suzuki, Belfond, 1988
Tonton accro, *Albin Michel, 1988*
Tonton 1er, roi de France
en collaboration avec Jérôme Duhamel, Belfond, 1988
A consommer avec modération, *Albin Michel, 1989*
A mort les vieux !, *Albin Michel, 1989*
Cabu au Canard enchaîné, *Albin Michel, 1989*
Trenet : le siècle en liberté
en collaboration avec Richard Cannavo, Hidalgo, 1989
Cabu passe aux aveux
en collaboration avec Jean-Paul Tiberi Cyril de Godefroy, 1990
Les Interdits de Cabu, *Albin Michel, 1990*
Cabu en Amérique
textes de Laurent Joffrin et Jean-Claude Guillebaud, Seuil, « L'histoire Immédiate », 1990
Tonton-la-Terreur !
150 dessins de la guerre du Golfe
Albin Michel, 1991
Sauve qui peut à l'Est !
en collaboration avec Jean-Claude Guillebaud, Seuil, « L'histoire Immédiate », 1991